자유가 치료다

바살리아와 이탈리아
정신보건혁명

자유가
치료다
ㅣ—ㅣ—ㅣ—ㅣ—ㅣ—ㅣ

— 백재중 지음 —

건가
미디어
협동조합

자유가 치료다

바살리아와 이탈리아 정신보건 혁명

초판 1쇄 발행 2018년 8월 1일   2쇄 발행 2019년 8월 1일
지은이 백재중
펴낸이 백재중   만든이 조원경   꾸민이 박재원
펴낸곳 건강미디어협동조합
등록 2014년 3월 7일 제2014-23호   주소 서울시 중랑구 사가정로 49길 53
전화 010-4749-4511   팩스 02-6974-1026   전자우편 healthmediacoop@gmail.com
값 13,000원   ISBN 979-11-87387-08-4 03330

* 이 책에는 오래 전 바살리아와 이탈리아 정신보건 개혁기 사진들이 들어 있습니다.
구글 등에서 가져온 일부 사진들의 출처를 정확히 밝히지 못했습니다. 양해 부탁드립니다.

북펀딩에 참여해 주신 분들께 감사드립니다.

강봉주 김경미 김경일 김미정 김봉구 김신애 김정은
김종필 김종희 박기수 백재중 송승연 송현석 신영전
심재식 이명준 임희재 정선화 정선희 조원경 주혜수
최정화 황자혜

지은이 백재중

원진레이온 직업병 투쟁의 결과로 설립된 녹색병원에서 내과의사로 일하고 있다. 차별과
혐오가 없는 건강한 세상을 꿈꾸고 있으며 인권의학연구소 이사이기도 하다. 쓴 책으로
『의료 협동조합을 그리다』와 『삼성과 의료민영화』(건강미디어협동조합)가 있다.

여전히 자유가 치료입니다

이영문 · 서울시 공공보건의료재단 대표이사

1960년대 초반 이탈리아 고리찌아 지역의 국립병원장으로 부임한 바살리아는 '자유가 치료다'라는 명제를 남겼습니다. 자유와 치료는 절대 병행시키기 어려운 화두이기에 오늘도 많은 정신보건 전문가들이 고민하고 있습니다. 정신 질환이 심각한 상태에서는 일시적이지만 이성의 마비가 일어나기도 하고, 타인의 자유를 명백하게 침해하는 일이 종종 벌어지기 때문입니다.

그럼에도 불구하고 바살리아의 말은 절대 명제로 저에게 남아 있습니다. 이번 책의 제목이 우리에게 전하는 교훈은 백재중 선생님의 꼼꼼한 기획을 통해 책 속에 잘 드러납니다. 연대하는 상황들 속에서 1960~80년대에 전개된 바살리아의 개혁 정신이 이 책으로 적절하게 전달됩니다. 이 책의 발간을 계기로 다시 정신보건 개혁에 대한 담론을 열어가야겠다고 다짐해 봅니다.

모든 나라의 정신보건 개혁은 어렵습니다. 현장에서는 치료와 인권의 모순이 드러나게 되고, 이것이 늘 문제입니다. 그런데 정신질환에 대한 사회 편견을 정치적으로 부수고 새롭게 해석한 나라가 바로 이탈리아입니다. 프랑코 바살리아 법으로 불리는 180호Law 180가 바로 개혁의 시작이었습니다. 이 법에 따라 1980년 1월 1일부터 국립정신병원들의 모든 입원실이 문을 닫았습니다.

모든 환자들은 지역사회로 이동해야 하고 정신보건 센터, 사회복귀 시설들에 다니게 됩니다. 의사들은 모두 가운을 벗고 거리로 나갔습니다. 외래에서 환자들을 기다리는 것이 아니라 가정방문을 통해 그들을 현장에서 바로 치료했지요. 불필요한 입원을 줄이고, 아니 최대한 입원을 억제하고 지역사회에서 그들을 치료하고 있습니다. 왜냐하면 정신과 입원 치료로 인한 인권 억압을 최대한 피하기 위해서입니다.

정신장애인에 대한 사회 편견은 자유를 억압하고 정신요양원 Asylum이나 정신병원에 수용하는 것에서 시작됩니다. 이것을 처음부터 주장하면서 정신보건 개혁을 앞장서 개척한 신비로운 인물이 바로 이탈리아의 프랑코 바살리아입니다.

이제 40년이 지난 이탈리아 정신보건 체계는 과연 어떻게 달라졌을까요? 이 책에 나와 있는 내용과 같이 공공기관의 정신과 입원은 사라졌고, 인구 5만 명당 한 개 정도의 지역사회 정신보건 센터와 수많은 정신 재활 시설들이 운영되고 있습니다. 과거의 정신병원들은 이제 박물관, 미술관, 카페, 호텔, 쉼터 등의 다른 기능으로 바뀌었습니다.

정신건강 서비스는 크게 치료, 재활, 회복, 그리고 인권 개념으로 구분해서 바라볼 수 있습니다. 치료는 증상의 최소화를 의미하고, 재활은 정신질환으로 인한 능력의 결함을 최소화하는 것입니다. 또한 회복은 정신질환으로 인한 사회 결함을 최소화하는 것입니다. 마지막으로 인권은 정신질환에 대한 편견을 없애고 사회로부터 배제되지 않는다는 사회 통합Social Integration의 의미를 갖고 있습니다.

정신건강 서비스의 특성은 신체장애와 달리 치료 개념이 회복까지 확장되어야 한다는 데 있습니다. 동시에 장애의 관점에서는 인권을 보호해야 한다는 이중성을 지닙니다. 달리 말해 치료, 재활의 개념이 인권과 대치되는 상황에 놓이기도 하는데, 인권 개념을 중요하게 생각하다가 치료 시기를 놓칠 수도 있다는 것입니다.

물론 가장 궁극적인 방향은 인권이 보장된 상태에서 행해지는 전인적 치료 혹은 입원과 지역사회 삶이 모두 만족되는 것입니다. 그러나 정신질환의 속성은 사회 구성원으로부터 안전을 담보하지 못한다는 편견과 사실에 매번 부딪힙니다. 또한 치료의 특성상 서비스 제공자들의 주관성이 크게 개입되므로 치료를 일반화하기 쉽지 않다는 점에 다다릅니다. 특히 인신 구속이 전제되는 비자의 입원의 경우는 치료와 인권의 가치들이 상반된 상황에 놓이게 됨을 먼저 생각해야 합니다.

이제 정신보건 서비스는 병원 중심에서 지역사회로 이동되었습니다. 우리나라도 예외는 아닙니다. 1995년 이후 미흡하지만 꾸준하게 방향 전환이 이루어지고 있습니다. 지역 서비스 모형은 치료 공동체의 철학이 담긴 것이어야 합니다. 중요한 것은 누가 하느냐가 아니라 무엇을 어떻게 할지 고민해야 한다는 점입니다. 정신질환의 치료와 재활과 인권은 함께 가는 것이고, 복지는 이러한 시스템이 작동하는 매트릭스가 되어야 합니다.

이전에도 몇 차례 추천사를 써본 적이 있습니다. 그러나 이번처럼 송구한 마음이 드는 경우는 없었습니다. 이른바 정신건강 전문가들이 응당히 해야 할 일인데 내과 의사인 백재중 선생님이 오히려 먼저 관심을 가지셨습니다. 이탈리아 정신보건 개혁에 대한 매우 구체적이고 역사성이 농후한 글을 쓰셨음에 감사드립니다.

정신건강 전문가들도 정리하기 어려운 이탈리아 정신보건 개혁 과정을 방대한 자료를 인용해 체계적으로 기술하셨습니다. 정신장애인에 대한 지속적이고 올바른 치료와 지역사회에서 함께 성장함이 중요하다는 메시지를 주시는 것으로 이해합니다.

정신건강 분야의 한 전문가로서 이번 책 발간을 매우 의미 깊게 받아들입니다. 지역사회 중심의 정신장애인 치료와 편견을 없애 나가기 위해 더욱 노력하겠습니다.

정신보건에 종사하는 모든 분들께 이 책을 권합니다. 여러분 모두 정신보건 개혁의 참된 뜻을 마음에 담을 수 있으리라 생각합니다.

이 책을 쓰면서 고민이 참 많았습니다. 저는 주로 신체를 다루는 내과 의사인데 정신장애인들과 정신병원에 관한 이야기를 쓰려니 얼마나 어려움이 많았겠습니까. 자기 전문 분야를 가진 직업인으로서 다른 분야에 관한 글을 쓴다는 부담도 상당했습니다.

협동조합 영화로 알려진 「위캔두댓」이라는 이탈리아 영화가 있습니다. 2012년 우리나라에 협동조합기본법이 제정되고 협동조합 바람이 불면서 수입 상영되었습니다. 저는 우연한 기회에 이 영화를 두 번 관람하였습니다. 처음 관람 때는 그냥 협동조합이란 저런 것이구나 했습니다. 두 번째 관람 때는 왜 정신장애인들이 힘겹게 저런 조직을 만들어서 직접 직업 일선에 뛰어들었는지 이유가 궁금해졌습니다.

이 날 이후로 영화의 배경을 캐기 시작했습니다. 상황과 배경을 뒤지다가 이탈리아 정신보건 역사와 바살리아 법을 알게 되었고 자연스럽게 우리 사회 정신보건 현실에 대한 관심과 이해로 넘어갔습니다.

그동안 은폐되어 잘 보이지 않던 우리 사회 뒷모습이 선명하게 제 눈에 들어왔습니다. 진료실이나 병동에서 가끔 마주쳐도 느낄 수 없었던 정신장애인들의 절망과 고통이 이젠 제게도 잘 전해집니다. 그래서 원고를 써 내려갔습니다.

처음 원고를 써놓고는 몇몇 사람에게만 돌려 보고 처박아 두었습니다. 다른 일들로 바쁘기도 하였고, 급하게 이 일을 서둘러야 할 이유도 없었습니다. 앞서 얘기한 '다른 분야' 부담감도 작용해 차일피일 미루었습니다. 하지만 마치 빚진 사람 같기도 하고, 뭔가에 덜미를 잡혀 마냥 미룰 수만은 없기에 용기를 냅니다.

이 책의 내용은 지금 '정신병원 없는 나라'라고 불리는 이탈리아의 정신보건 개혁 과정과 그 중심에 있는 프랑코 바살리아라는 정신과 의사에 관한 이야기입니다.

정신병원 없는 나라가 가능할까? 마치 '군대 없는 나라'가 가능할까라는 얘기처럼 들립니다. 우리나라는 '정신병원 전성기의 나라'입니다. 이런 나라에서 정신병원 없는 나라에 대한 글을 쓴다는 것이 무모할 수도 있습니다.

우리나라 방방곡곡에 정신보건 시설들이 가득합니다. 여기는 지금도 정신 질환자들 수만 명이 수용되어 있습니다. 이들 중 일부는 수용이 아니라 감금되어 있습니다. 이들은 언제 시설에서 풀려날지 기약이 없습니다.

정신 질환자들은 시설에 갇히는 순간 우리 눈앞에서 사라지므로 우리는 그들의 존재를 모르고 있거나 아니면 잊고 삽니다. 시설 안에서 그들이 어떻게 지내는지, 인간적인 대우를 받는지는 관심 사항이 아니니까요. 걱정이라면 혹시 이들이 시설에서 나와 거리를 배회하게 될 경우 따를 위험 정도일 겁니다.

수용 위주 정책이 바뀔 기미가 없으니 그런 걱정도 그다지 현실적이지 않은 듯합니다. 오히려 정신 질환 없는 비장애인들의 범죄가 숱하게 발생하니 이쪽이 좀 더 걱정입니다. 가끔 보도되는 정신병원의 실상들은 그저 우리 사회의 불안정한 단면의 하나이려니 하고 외면해 왔던 게 사실입니다.

정신병원의 문이 열리고 수만 명의 환자가 지역사회로 나온다면, 나라에 정신병원이 없다면, 어떤 일이 벌어질까요? 범죄가 증가하고 사회적 혼란이 발생할까요? 이에 대한 답이 이 책에 있습니다.

이탈리아에서는 바살리아 법 제정을 통해 정신병원을 폐쇄한 지 40년이 되었습니다.

지금처럼 수많은 정신 질환자들이 본인 의지와 상관없이 정신병원 시설에 갇혀 지내야 하는 것이 과연 정당한가요. 이제 우리의, 우리 사회의 진지한 성찰이 필요합니다.

2018년 7월

백 재 중

차 례

1부 바살리아의 생애와 바살리아 법의 탄생

1장 프랑코 바살리아의 생애 　　　　　 *28*

2부 바살리아 법 이후의 개혁 과정

이 책은 1960년대부터 현재에 이르는 이탈리아 정신보건 개혁 과정을 자세히 이야기한다. 정신보건 관련 분야에서 일하는 분들에게는 이탈리아 정신보건 개혁 운동이 낯설지 않은 내용이지만 일반인에게는 뜬금없는 주제일 것이다. 이탈리아 사례를 자세히 살피는 까닭은 그것을 통해 우리 현실을 냉정하게 평가하기 위해서다.

우리나라 정신보건 현실은 인권 침해 논란으로 자주 구설에 오르내리고 개혁이 시급하다는 데 누구나 동의한다. 이럴 때마다 이탈리아 정신보건은 참고할 만한 주요 사례로 매번 등장한다. 이탈리아의 개혁은 우리에게 강렬한 인상을 남긴다.

이탈리아는 1978년 바살리아 법 제정으로 정신병원을 폐쇄하고 지역사회를 기반으로 하는 정신보건 체계를 수립, 실행하고 있다. 정신보건 분야에서 이탈리아는 세계에서 가장 혁신적인 사례로 꼽힌다. 이탈리아와 토대가 다르니 우리가 그 모델을 바로 따르기는 어렵다 해도, 그들의 개혁 과정 곳곳에 우리가 교훈으로 삼을 점들이 있다.

이탈리아 모델을 보기 전에 먼저 우리나라 정신보건의 역사와 문제를 간략하게 정리하고자 한다. 역사 맥락에서 현재 문제점을 파악하고 이탈리아 사례와 비교하면서 해법을 모색할 필요가 있을 듯해서다.

우리 근대 역사에서 정신 질환자를 수용하여 치료하기 시작한 것은 일제 강점기에 일본의 정신보건 시스템이 이식되기 시작하면서부터이다. 1913년 제생원에 35병상 규모의 정신 병동이 개설된 것이 시초이며 1935년에는 청량리 원병원이 사립 병원 최초로 정신병동을 개설하였다. 정신병원이 본격 설립되는 것은 국립서울정신병원 개원부터이다. 이 병원은 1952년 노량진 구호병원을 인수하여 발족하였으며 1962년에는 약 300병상 규모로 확장되었다.* 이후 한동안 정신병원 확장 속도는 매우 느렸다.

1970년대까지도 우리나라에서 정신 질환에 대한 인식은 농경사회에 흔히 보이는 방식이었다. 대가족 제도의 농촌형 지역사회에서 정신 질환자는 사회 속에서 비교적 통합되어 살아갔다. 1970년대를 거치며 산업화, 도시화가 급격히 진행되는 과정에서 정신 질환자에 대한 가족의 역할과 부양 기능이 점차 축소된다. 산업화가 진행되면서 정신 질환자들이 생산 활동에 참여하는 기회는 더욱 줄어들고 도시화는 정신 질환자들의 거주 환경을 악화시킨다.

가족이나 지역사회 지지가 약한 도시 환경에서는 정신 질환자들

---

* 한국전쟁으로 발생한 정신 질환자들을 위해 미국 협력을 받아 설립하였다. 2016년 새 건물로 옮겨가면서 이름을 '국립정신건강센터'로 변경한다.

이 범죄와 같은 사회 문제에 쉽게 휘말리고 미디어의 과장 보도로 이들에 대한 사회 내 압박은 더욱 강화된다. 정신 병상의 부족, 의료보장 제도나 시설 보호 제도의 미비로 인해 지역사회에서 격리된 미인가 시설들이 정신 질환자 관리를 맡게 된다. 일부 종교기관들이 정신 질환자의 격리 수용이라는 사회 필요와 만나면서 이들을 수용하는 무면허 기도원도 탄생한다.[1]

1975년 12월 내무부 훈령 410호인 「부랑인의 신고, 단속, 수용, 보호와 귀향 조치 및 사후 관리에 관한 업무 지침」을 제정하면서 부랑인에 대한 대감금의 역사가 시작된다. 훈령 410호에는 부랑인을 '일정한 주거가 없이 관광업소, 역, 버스정류소 등 많은 사람이 모이거나 통행하는 곳과, 주택가를 배회하거나 좌정하여 구걸 또는 물품을 강매함으로써 통행인을 괴롭히는 걸인, 껌팔이, 앵벌이 등 건전한 사회 및 도시 질서를 저해하는 모든 부랑인을 말한다.'고 정의하고 있다.

훈령 410호를 제정한 목적은 '범법자, 불순분자 등의 활동을 봉쇄하는 것'이라고 밝힌다.* 정신보건 정책이 부재하였던 당시 수많은 정신 질환자들도 이 훈령에 근거하여 시설에 강제 수용되어 고통 받는다.

1980년대 중반까지 정신 질환자에 대한 정책은 전혀 없었다고

---

* 훈령 410호는 1975년 공포정치 아래서 사회 통제를 위한 조치들의 연장 속에 탄생하여 부랑인 대감금의 행정적 근거로 작용하였다. 긴급조치 9호가 1979년 박정희 사망 후 폐지된 데 비해 이 훈령은 전두환 정부에서도 계속되었으며, 통제는 이전보다도 더 강화되었다.

하겠다. 정부 정책은 국공립 병원 3개소1,150병상를 설립한 것이 전부였다. 이처럼 정신 질환을 관리하는 제도적 공간이 협소하여 '무허가 시설'들이 이를 대신하였다.[2] 이런 미인가 시설들은 정신 질환자 인권 침해의 온상이 되었다.

1980년대 들어 무허가 기도원과 대규모 정신 요양 시설의 비인간적인 수용 실태가 보도되고, 1987년 형제복지원 사건이 크게 사회 문제 되면서 정신보건에 대한 사회적 논의가 시작된다. 이후 정신병원과 정신 요양 시설 등 시설 확충이 이루어지고 정신 질환자 관리 체계를 확립하기 위해 1995년 정신보건법이 제정되었다.*

정신보건법 제정의 취지는 정신장애인의 합리적 관리와 지역사회 재활의 토대를 마련하는 것이었는데, 모순되게도 이 법 시행 이후 정신보건 시설에 수용되는 정신장애인 수가 급속히 증가한다.**

정신보건법이 시행될 무렵 1996년에 3만 8천여 명이던 수용자가 2004년 7만 6천여 명으로 증가한다. 이 중에서 정신병원 수용자는 2만 1천여 명에서 6만 2천여 명으로 증가한다. 이처럼 정신병원이 팽창하고 수용자가 증가한 배경에는 정신보건법에 강제 입원과 장기 입원을 합법화하고 조장하는 규정이 자리하고 있다.

---

* 이전에도 정신보건법의 제정이 시도된 적이 있다. 1983년 기도원 내의 비인권적 정신장애인 수용 실태가 언론에 보도되어 국민적 관심이 집중되면서 정신보건법 제정을 추진하게 되었다. 그러나 정부에서 추진하는 정신보건법이 치료나 보호보다는 격리를 위주로 하고 정치적 악용 가능성 때문에 사회적 저항에 직면하여 법안이 자동 폐기되었다. 정부는 1992년에도 정신보건법을 다시 상정하였으나 마찬가지로 인권 침해 논란이 일었다. 이후 수정 보완을 거쳐 1995년에 제정된다.

** 정신보건 정책이 본격적으로 시행되면서 무허가 시설들을 양성화하기 시작했는데 무허가 시설을 감소시키지는 못했다. 양성화 과정에서 발생하는 경제적 지원이 시설 운영자들에게 양성화를 유도하는 계기로 작용하였지만 그만큼 무허가 시설이 다시 만들어지는 경우가 많았다. (최정기, 『감금의 정치』, 책세상, 2005.)

정신 병상은 1984년 14,456병상에서 2006년에는 79,132병상으로 5배 이상 증가했다. 정신보건 시설이나 병상의 증가는 결국 입원 환자의 증가와 입원 기간의 증가 즉 장기 입원으로 연결될 수밖에 없다. 정신 병상의 증가는 민간 사립 정신병원에서 두드러진다.

도산하는 종합병원을 인수하여 정신병원으로 전환하는 것이 병상 증가에 크게 기여하였다. 또한 정신과 개원의들이 50병상 규모 입원실 있는 정신과 개원을 선호하면서 신규 병상이 증가했다.[3]

민간에 치우친 정신보건 사업은 결국 수익성을 고려할 수밖에 없기에 그 피해는 환자들에게 돌아간다. 국가 통제가 미치기 어려운 민간 시설에서는 인권 유린이 일어날 가능성이 높아진다. 민간 시설에서는 환자의 수가 곧 돈이 되는 현실이고* 정작 환자에게 필요한 치료보다 병원에 이득 되는 치료에 치중할 수밖에 없게 된다.

민간 부문에서 병상 증가는 병상 유지를 위해 이를 채워 줄 환자를 필요로 했다. 병상을 유지하기 위해 입원 과정에서 입원 필요성에 대한 엄격한 평가를 게을리 하고 불필요하게 입원 기간을 연장하는 요인으로 작용하기도 한다.

2006년 기준으로 정신장애인의 75%가 여전히 정신병원 또는 정신 요양원에 입원한다.[4] 정신장애인들의 비자의강제 입원율이 86%에 달하고 6개월 이상의 장기 입원 비율 또한 53%를 넘는다.[5]

정신 요양 시설의 경우도 정신병원과 사정이 크게 다르지 않다.

---

* 입원 환자 1인당 매월 약 100~150만 원의 비용을 받으므로, 입원 환자 수는 곧 병원의 수익과 직결된다. 정신병원은 의료 급여 예산을 받는 방식으로 또한 수익을 얻는다.

2013년 기준으로 전국에 59개 정신 요양 시설이 존재하며 입소자만 1만 1,072명에 이른다.[6] 이러한 요양 시설의 90% 이상은 민간이 운영한다. 민간이 운영하니 정신병원과 마찬가지로 수익성에 치중할 수밖에 없으며 제대로 된 요양 서비스를 제공하기 어렵다. 발생하는 인권 침해 사례에 대해서도 제대로 관리 감독이 이루어지지 않는다.[7]

우리나라의 정신 질환자 관리는 정신병원과 정신 요양 시설의 대형화, 수용 위주의 환자 관리, 환자의 장기 입원,* 높은 강제 입원 비율**이라는 특성을 나타낸다. 강제 또는 반강제로 시설에 입원 당하며, 치료나 재활보다는 수용 자체가 목적이 되고 기간이 길어지니 환자의 자활 의지는 더욱 위축될 수밖에 없다.

그리고 이러한 시설들이 대부분 민간에 의해 운영되므로, 수익성 측면에서 더 유리한 강제 입원과 장기 입원이 조장 방조될 가능성도 늘어난다.***

---

* 2015년 보건복지부 국감에서 우리나라 정신병원 장기 입원 실태가 일부 드러났다. 보건복지부가 국회에 제출한 「정신요양 시설 장기 입원자 현황」을 보면 2014년 말 기준 장기 입원 환자 1만 693명 중 40년 이상이 28명, 30~40년 618명, 20~30년 1,600명, 10~20년 3,119명, 5~10년 2,118명이다. 이들의 입원 과정을 보면 보호 의무자에 의한 입원과 행정기관에 의한 입원이 합쳐서 88%에 이른다. 사실상 강제 입원에 해당한다. (쿠키뉴스, 「정신요양 시설 10년 이상 장기 입원자 5,365명」, 2015. 9. 12.)

** 우리나라 정신병원 강제 입원 비율은 70%에 이른다. 10명 중 7명 가까이 자의에 반해 강제로 입원된다는 얘기다. 이는 OECD 국가 중 최고이다. 2012년 정부 자료에 따르면 전체 정신 질환 입원 환자 수는 8만 500여 명인데 보호 의무자에 의한 입원은 5만 3천여 건으로 66%에 해당한다. (장진영, 「범죄 피의자만도 못한 정신병원 피수용자의 실태」, 『법조광장』 2015. 12. 24)

*** 2012년 11월 8일 한중일 정신건강 정책 포럼에서 「한국 정신건강 시스템 분석 보고서」를 발표하였다. 이에 따르면 한국의 정신보건 체계는 대부분 정신병원에 격리되어 장기 치료를 받는 방식이며 이는 비용이 많이 들면서도 치료 효과는 크지 않고 환자의 사회 복귀에도 도움이 되지 않는다. 반면 입원 과정과 치료 과정에서 인권 침해 가능성은 커질 수밖에 없다. 우리나라에서 정신 질환자들에 대한 인권 침해 논란은 계속되는데 그 중심에 정신보건 시설이 있다. 국가인권위원회 진정 현황 자료에는 2011년 1,337건에서 2014년 2,775건으로 대폭 증가한 것으로 나온다.

이탈리아의 경우 1970년대까지만 해도 지금 우리의 현실과 비슷했다. 정신장애인들은 수용소나 다름없는 병원에 강제 입원되어 기약 없는 세월을 보내야 했다. 지금으로부터 40여 년 전, 1978년 바살리아 법 제정 이후 정신병원들은 폐쇄되기 시작했고 지금은 '정신병원 없는 나라'라고 불린다.

정신장애인들은 수용 시설에서 벗어나 지역사회 속에서 자신의 삶을 살아가고 있다. 이 과정에서 숱한 논쟁과 갈등이 있었지만 탈시설의 역사 흐름은 안정되고 강고해졌다.

· 후주 ·

(1) 서동우, 「정신보건의 역사적 변화선상에서 본 우리나라 정신보건의 문제와 개선안」, 「보건복지포럼」 2007.1

(2) 최정기, 「감금의 정치」, 책세상, 2005

(3) 인권위원회, 「정신장애인 인권 보호와 증진을 위한 정신보건 패러다임의 변화」, 2008

(4) 정은, 「정신장애와 민주사회」, 「기억과 전망」 2014년 여름호(통권 30호)

(5) 국가인권위원회, 「정신장애인 인권 보호와 증진을 위한 국가보고서」, 2009

(6) 김현숙, 「정신요양 시설 입원 환자 51% 10년 이상 장기 입원」 보도자료, 2013.10.12

(7) 김덕현, 「정신요양 시설, '폭행과 수용'이 아닌 '요양과 사회복귀를 위하여'」, 「공익과 인권」 통권 제14호, 593~609, 2014. (서울대학교 공익인권센터·서울대학교 법학전문대학원 인권법학회 공동 발간)

1부

바살리아의
생애와
바살리아
법의 탄생

프랑코 바살리아의
생애

이탈리아의 정신보건은 바살리아 법 이전과 이후로 나뉜다. 그 구분은 거대한 패러다임의 변화를 동반한 혁명적 과정이었다. 바살리아 법은 프랑코 바살리아Franco Basaglia, 1924~1980라는 정신과 의사의 이름을 따서 명명되었다. 정신과 의사 바살리아 그리고 활동을 같이했던 사람들을 알아야 이탈리아의 정신보건 혁명을 제대로 이해할 수 있다. 이들의 지난한 노력으로 탄생시킨 법률 180호, 즉 바살리아 법은 '정신병원 없는 나라 이탈리아'로 들어서는 입구였다. 이탈리아 정신보건 혁명의 상징이기도 하다.

바살리아는 이탈리아에서 매우 유명한 사람이다. 유럽이나 미국 등 선진국의 정신보건 개혁의 역사 전체를 보더라도 매우 상징적인 인물이다. 이 바살리아가 우리나라에서는 정신보건 분야에서만 알려져 있으며 그의 활동에 대한 우리 이해도 막연한 수준이다.

프랑코 바살리아

고리찌아 정신병원 시절

프랑코 바살리아는 1924년 3월 11일 베네치아 상류층인 베네치아 가문에서 태어났다. 2차 세계 대전 중에는 파시스트에 대항하는 지하 단체에서 빨치산 활동을 했는데 이 때문에 여러 달 감옥에서 지내기도 했다. 감옥에서 '완전한 구금 생활'을 경험하게 된다. 전쟁이 끝난 후에는 파도바 대학에서 의과대학을 졸업한 후 정신의학을 전공하면서 후설, 하이데거 등의 현상학에 관심 갖고 공부했다. 이후 이탈리아 북부의 고리찌아 정신병원 원장으로 취임한다.

고리찌아 정신병원 원장이라는 자리는 그에게 별로 매력적이지 않았다. 정치적, 지리적으로 고립되어 있고 가족들에게도 전혀 새롭고 낯선 곳이었다. 그가 원장을 맡은 것은, 사회 중심부와 먼 주변에

1960년대 고리찌아 정신 질환자 수용소

서 전체 시스템을 개혁해보고 싶은 욕구 때문이었다. 그의 직책이 대단하지도 않았고 다른 이들은 무관심하던 분야여서 그는 오히려 해방감을 느꼈다.

바살리아는 이 정신병원에서 1961년부터 1968년까지 근무했다. 처음 부임하고서는 정신병원의 상황들에 크게 낙담했다고 한다. 환자들을 결박하거나 신체적으로 학대하는 경우가 많았고 전기 충격 요법, 인슐린 쇼크 요법 등도 시행되었다.

그는 전체 수용소 시스템이 도덕적으로 파산했다는 신념을 갖는다. 환자들을 수용소 안에서 치료하는 방식이 의학적으로 이득이 없음도 확인했다. 환자들의 기이하고 충격적이기도 한 행동들은 수용소 생활 때문에 생기거나 나빠진다고 믿었다. 다른 병원에서 환자들을 공식적으로 의뢰하였으나, 이곳은 건축물로서나 기능 면에서 감옥과 별 차이가 없었다.

당시의 정신병원은 1904년 제정된 법률 36호에 따라 자신 또는 타인에게 위해 위험이 있다고 여겨지는 정신 질환자들을 강제로 수용하는 곳이었다. 자발적 입원은 불가능했다. 정신병원 입원 기록은 범죄 기록과 같은 것으로 취급되던 시절이었다. 대부분 의뢰의 목적은 푸코Michel Foucault가 얘기했던 '훈육과 처벌'이었다.[1]

1960년대 초반 이탈리아에서 개혁은 치료적 지역사회 운동의 모습을 띠고 있었다. 바살리아는 전에 영국에서 일한 경험이 있는 맥스웰 존스Maxwell-Jones의 영향을 받았지만 치료 지역사회 모델 Therapeutic community model에 한계가 있다는 점을 깨달았다. 수용 시설은 그대로 남았고 환자들도 변하지 않았다. 환자들 스스로 수용소의 벽을 깨고 건물을 허무는 과정에서 비로소 해방의 의미를 확인할 수 있는데 그리 되지 못했다.

그는 고리찌아에서 과거 방식을 따르지 않았다. 그렇다고 처음부터 어떤 명확한 계획이 있었던 것은 아니다. 병원 안에서 어떤 일이 벌어지고 있음이 지역 주민들에게 알려진 것은 몇 년 후였다.

바살라아가 이끄는 진보적 정신과 의사 그룹은 고리찌아 정신병원의 운영을 맡아 치료 공동체의 원리에 따라 병원을 재조직하고 병원의 모든 제도적 장벽과 억압적인 진료 시스템을 개선해 나갔다. 바살리아는 부임 후 고리찌아의 루나틱 수용소에서 환자를 침대에 결박 못하게 금했고 격리도 금지했다.

당시 바살리아는 병원장으로서 다음과 같은 몇 가지 기준안을 제시하였다. ① 근무 인력에 대한 재훈련, ② 근무자들 간, 근무자와 환자 간 의견 차이를 자유롭게 표현, ③ 환자 자치회 구성, ④ 집담회와 회의를 자주 개최. ⑤ 폭력적인 진료전기 충격 요법, 격리 수용, 억제대 사용 금지 등이었다. 당시 고리찌아 지역 시장은 바살리아의 개혁을 적극 수용하였고 시민 조직들은 그의 활동을 뒷받침해 주었다.

이즈음 이탈리아에서는 정신의학 이론과 실제 부분에서 논쟁이 시작되고 있었다. 바살리아는 광기에 대한 뿌리 깊은 고정 관념 때문에 정신병원의 강압적이고 징벌적인 성격이 유지되고 있으며 마치 감옥처럼 운영되고 있다고 주장했다. 정신 질환자들이 보이는 얼빠진 시선이나 반복적인 동작들은 정신병원을 벗어나면 좋아지는 경우가 많다는 걸 깨달은 바살리아는 수용소를 완전히 폐쇄하지 않으면 문제 해결이 요원하다고 판단하기에 이른다.

1964년 바살리아는 정신병원의 해체를 얘기하면서 다음과 같이 서술한다.

"아픈 환자가 수용소 시설 안으로 들어가는 순간 그는 감정적 공백이라는 새로운 차원으로 진입하는 것이다. 버튼Burton은 이를 '시설 신경증Institutional neurosis'이라고 부르지만 나는 단순하게 '시설화Institutionalisation'라고 부른다. 환자가 수용된 공간에서는 치료를 제공하지만 역설적으로 환자의 개성은 완전히 사라지고 대상으로 전락하게 된다.

정신 질환이 근본적으로 개성과 자유의 상실이라면, 수용소에서 오히려 환자들은 자아를 상실하고 질병과 반복 입원의 대상으로 전락하게 된다. 어떤 계획이나 미래도 없고, 개인적 동기도 없는 상태에서 다른 사람에게 항상 의존하게 되며, 시설의 통제에 따라 일상생활이 조직된다. 사람을 만나거나 개인적 욕구를 추구하는 것도 어려워지게 된다. 이것이 수용소 생활이 기초하고 있는 시설화 체계Scheme이다."

바살리아는 1960년대 초반 어빙 고프만Erving Goffman, 프란츠 파농Frantz Fanon, 미셸 푸코 등의 텍스트들로 인해 생각이 강고해졌다. 고프만의 『수용소Asylum: 정신 질환자와 다른 수용자들에 관한 사회적 상황에 관한 에세이』1961년는 수용소에 대한 그의 관념에 지대한 영향을 미쳤다. 푸코의 저작 『광기의 역사Madness and civilization』1961년는 수용소에 관한 역사와 철학의 관점을 제공해 주었다. 두 책 모두 바살리아가 고리찌아에서 일하기 시작한 1961년에 발간되었다. 발간 당시에 이 책들은 영어 또는 프랑스어 판으로 이탈리아에 배포되었고 고프만의 『수용소』는 나중에 바살리아의 아내인 프랑카 온가로Franca Ongaro에 의해 이탈리아 말로 번역되었다.[2]

바살리아는 이러한 저작들에 영감을 받아 1968년까지 고리찌아 정신병원에서 일련의 개혁 작업을 실행했다. 이 병원은 행동주의자들의 메카가 되었고 학생운동의 본거지 중 하나가 되었다. 이러한 개혁과 변화는 환자들의 조건을 개선시키면서 시작되었다. 억제를 풀고 전기 쇼크 치료를 줄이고 병동을 개방하고 벽과 펜스를 제거하였다.

시간이 갈수록 바살리아는 좀 더 근본적인 변화를 도입했다. 개혁을 위해 생각이 비슷한 정신의학자들로 팀을 구성하였다. 1965년

Nuovo Politecnico 19   Einaudi 1968, 3ª ed., 1968
A CURA DI FRANCO BASAGLIA
L'ISTITUZIONE NEGATA
Rapporto da un ospedale psichiatrico

『시설의 부정』 표지

부터는 환자를 포함하여 전체 미팅을 시작하였다.

고리찌아 팀은 정신병원에서의 개혁 경험을 담은 저서 두 권을 발간했다. 1967년의 『정신의학이란 무엇인가?』*와 1968년의 『시설의 부정』**이다.

『시설의 부정』은 1960년대 고리찌아 주변 마을에서 치료적 지역사회 모델을 적용하려던 시도에 기초하였다. 바살리아는 수용소를 인간적으로 변모시키려 한 노력을 기록하면서, 사회 통제 수단인

---

* *Che cos'è la psichiatria?* (What is psychiatry?)

** *L'istituzione negata* (The institution denied)

정신병원은 환자들을 치료할 수 없고 실질적으로 환자들의 상태만 악화시키므로 정신병원을 개혁한다는 것 자체가 가능하지 않다고 처음으로 선언한다.

이 책은 이탈리아에서 베스트셀러가 되었으며 여러 나라 말로 번역 출간되었다. 어떤 사람들은 이 책을 1968년의 성서라고도 부른다.

두 책 모두 이론적인 배경과 고리찌아에서의 실천 경험들 그리고 환자 인터뷰, 환자 모임에서의 구술 내용을 포함하는 혼합 방식으로 이루어졌다. 이 책들은 '시설의 부정' 사상을 강조하고 있다. '총체적 시설Total institutions' 안에서의 급진적인 실천은 이 장소 안에서 권력 구조를 뒤집을 수 있으며 시스템과 사회 안에서 모순들을 노출시킬 수 있다는 사실을 보여준다. 그리고 이 책들은 수용소 안에서의 상황들, 전체 보건 의료 시스템에서의 계급적 구조들을 자세히 기술한다.

마지막으로 바살리아 팀은 이러한 '시설의 부정' 사상의 위험성에 대해서도 강조한다. 지역사회 치료가 환상을 만들어 낼 수는 있으나 이것이 환자를 둘러싸는 근본되는 사회 문제들을 모두 해결할 수는 없음을 지적한다. 바살리아는 사회 변화가 급진적인 개혁만큼이나 필요하다는 점을 인식하였다. 1960년대, 68혁명의 열기 속에서 시대 상황을 반영하면서 좀 더 혁명적인 언어들을 구사하기도 하였다.

바살리아 사상의 세 갈래는 20년에 걸쳐 모양을 갖춘다. 반시설주의Anti-institutionalism, 사회 분석, 의학 지배 체제Medical establishment

에 대한 통렬한 비판이 특징을 이룬다.[3]

2차 세계 대전 이후 프랑스와 영국에서 정신병원 개혁에 대한 다양한 시도들이 있었으나 병원에서 지역사회로 케어 중심을 성공적으로 이동시키지는 못하였다. 경험이나 실행 방안들도 없었고 법적 프레임은 여전히 '위험'이라는 개념에 기초한 상태였다.

바살리아는 고리찌아 정신병원에서의 개혁 경험을 돌아보면서 단순한 병원 개혁만으로는 문제 해결이 불가능함을 깨닫는다. 결국은 정신병원 폐쇄만이 해결책임을 인식하고 이후 정신병원 폐쇄를 위한 운동에 매진하게 된다.

바살리아 법 통과 이후에 그는 다음과 같이 언급한 적이 있다.

"…중요한 것은 불가능이 가능해졌음을 우리가 보여주었다는 점입니다. 10년, 15년, 20년 전에는 수용소 폐쇄를 생각조차 할 수 없었습니다. 이제 수용소도 폐쇄될 수 있게 되었습니다. 정신 질환자들을 다른 방식으로 지원할 수도 있으며 그게 가능하다는 것도 명확합니다." 프랑코 바살리아, Brazilian Conferences, 1979[4]

정신보건 개혁에서 문화 예술의 역할

정신보건 개혁 운동은 정신 질환자들 그리고 정신 의학자들만의 활동은 아니었다. 다양한 사회운동 세력이 함께하는 연대 활동이기

취재진이 차량으로 정신병원 진입하는 장면 캡처 사진 @I giardini di Abele

도 하였다. 특히 문화 예술인들의 역할은 지대했다. 지식인, 작가, 영화 감독, 저널리스트, 사진 작가, 아티스트들도 변화를 위해 싸움을 같이했다. 이들의 역할은 개혁 운동 성공에서 핵심이었다. 바살리아는 개혁 운동에서 시각 미디어의 중요성을 이해하고 적극 활용하였다.

1969년 1월 3일, 이탈리아 국민 수백만 명은 텔레비전에서 세르지오 짜볼리Sergio Zavoli가 진행하는 다큐멘터리 프로그램 「아벨의 정원I giardini di Abele」을 보고 있었다.[5]

금요일 저녁 황금 시간대에 상영되는 이 프로그램은 정신병원에 수용된 환자들의 고통스러운 실상을 알리고 있었다. 정신병원의 모습, 바살리아 그리고 환자들의 인터뷰들. 진행자에게 얘기하는 고리

『계급으로 인한 죽음』 표지

찌아 정신병원 환자들 모습들이 그대로 방영되어 큰 반향을 일으켰다. 이 다큐멘터리 필름은 정신병원 개혁에 대해 국민의 공감을 얻어내는 데 크게 영향을 미친다.

이 필름이 방영되고 난 다음 정신병원 내부 풍경과 환자 모습을 담은 사진집 출간 프로젝트가 진행되었다. 카를라 세라티Carla Cerati와 지아니 베렝고 가르딘Gianni Berengo Gardin이 촬영하고 프랑코 바살리아와 프랑카 온가로 바살리아가 편집한 『계급으로 인한 죽음 Morire di classe』To Die Because of Your Class이 제작되었다. 사진들은 고리찌아, 파르마, 플로렌스 등 세 지역 정신병원에서 1968년 4월부터 10월까지 촬영되었다. 두 사진 작가는 다른 지역의 정신병원을 방문하기도 하였으나 번번이 거부당했고 바살리아의 도움으로 촬영을 마칠 수 있었다. 초판은 1969년에 출간되었다.

1968년 고리찌아 정신병원 환자 @Morire di classe

책 표지 우측 아래 바살리아의 글이 인용되어 있다.

"이러한 비인간화 과정의 결말은 환자들이 정신병원에 속박된다는 것이다. 이제 인간으로 존재하지 않는다. 자신의 존재를 규정하는 지배 속으로 흡수되어 엮여 버리게 된다. 그는 이미 끝났다. 다시는 풀수 없도록 낙인찍히고 어디 호소할 수도 없는 상태가 된다. 자신을 인간이 아닌 것으로 규정하는 신호들을 결코 부정할 수 없게 된다."

『계급으로 인한 죽음』은 이탈리아 정신병원의 비참함을 보여주는 초상이었다. 책 속에는 사진뿐 아니라 바살리아, 어빙 고프만, 미셸 푸코 등의 글도 담겨 있어 사진과 글이 함께하는 사진-다큐멘터리 책자의 형식을 따르고 있었다.

정신병원 환자 @Morire di classe

역사가들은 1960년대 후반 이탈리아 정신보건 개혁 운동을 상징하는 3대 주요 예술 작품으로 바살리아의 저서 『시설의 부정』, 다큐멘터리 필름 「아벨의 정원」, 사진집 『계급으로 인한 죽음』을 꼽는다.

바살리아는 학교 친구의 도움을 받아 만화나 카툰으로도 정신병원의 실상을 알리고, 그의 사촌은 정신병원에서 환자 프로그램에 참여하면서 파란 목마 마르코 까발로 제작에 참여한다.

정신보건 개혁 운동의 주인공들은 환자 자신들이다. 고리찌아의 카를라 나르디니Carla Nardini, 마리오 푸란Mario Furlan 등은 열성적으로 활동했다. 바살리아 이전에는 정신장애인 자신들의 운동이 등장하지 않는다. 카를라는 아우슈비츠에도 갇힌 적이 있었고 나중에 자살을 시도하기도 한다. 이들은 정신보건에서의 혁명적 변화를 통해 자신의 삶을 변화시키고 스스로를 통제하게 된다. 이들이 없었

정신병원 병상 @Morire di classe

다면 운동은 효과적으로 진행되지 않았을 것이다.[6] 카를라는 다큐
멘터리 「아벨의 정원」에 등장하여 인상적인 인터뷰를 남긴다.

　　짜볼리 : "어느 날, 이 병원이 개방된 적이 있었다. 무엇이 달랐는가?"
　　카를라 : "모든 것이!everything!"

고리찌아를 떠나다

이 시기 고리찌아 개혁 활동은 최고조에 이르렀다. 지방정부는
전국적으로 유명해진 바살리아의 활동에 부담을 느끼고 있었다. 지
방정부와 의사소통이 어려워지자 더 이상의 정신병원 개혁도 불가

1968년 파르마 정신병원 환자 @*Morire di classe*

능해졌다. 바살리아와 같이 활동을 해 온 팀의 구성원 사이에서도 의견 차이들이 드러나기 시작한다.

바살리아는 고리찌아를 떠나기로 결심한다. 이즈음 그의 활동이 전국적으로 알려지면서 다른 지역 정치인, 행정가들의 초대 요청도 계속되어 정치적 반대에 직면한 고리찌아에 계속 남아 있을 이유도 없었다. 그는 파르마 콜로르노Colorno 정신병원으로 자리를 옮기게 된다.

고리찌아의 경험은 이탈리아 동북부 지역에서 활동하던 사람들에게 지속적이고 지대한 영향을 미쳤다. 정신의학자들과 정신보건 종사자들은 흩어져 일하면서도 처음으로 정신병원 폐쇄와 정신 질환자들의 인간성을 주장하는 시도에 관해 관심 갖고 주시하였다.

새로 옮겨 간 파르마에서도 바살리아는 계속 정신병원의 개혁을 시도한다. 1960년대에 고리찌아 정신병원 개혁 활동에 같이 참여했던 사람들도 1970년대 다른 도시들로 옮겨서 다른 지역 환경, 다른 사회 문화 환경에서 새로운 모델들을 만들기 위해 노력한다. 이처럼 진보적인 정신 의학자들에 의해 1960년대와 1970년대에 걸쳐 여러 정신병원에서 진행된 개혁 실험들이 이탈리아 정신보건 혁명의 토양이 된다.

바살리아의 파르마 생활은 오래가지 않았다. 이후 그는 이탈리아를 떠나 뉴욕의 브룩클린 정신병원에서 6개월 정도 일한다. 1971년에 바살리아는 트리에스테로 옮긴다. 그는 이곳에서 고리찌아의 실패 경험을 살려 개혁 프로그램을 실행하여 성과를 내기에 이른다. 트리에스테 지역에서 이루어진 개혁 활동들은 바살리아 전 생애에 걸친 다양한 노력 중에서도 가장 핵심을 차지한다.

트리에스테의 개혁 실험은 바로 바살리아 법 탄생으로 이어졌고 산지오바니 정신병원은 이 상징성을 반영하듯 바살리아 법 이후 최초로 폐쇄되는 정신병원이 되었다.

마르코 까발로, 거리를 행진하다

1973년 2월 이탈리아 북부 트리에스테 주Trieste province 거리에서

마르코 까발로

그 지역 산지오바니San Giovanni 정신병원의 환자, 의사, 간호사, 직원들이 퍼레이드를 벌이고 있었다. 행렬 중에는 '마르코 까발로Marco Cavallo'라고 부르는 큰 키의 파란 목마가 함께하고 있었다. 마치 트로이 목마를 연상케 하는 모습이었다. 무슨 일로 정신병원의 환자와 의료진들이 목마를 앞세우고 거리 행진을 할까?

이날의 행진은 수용소나 다름없는 정신병원에 갇혀 있던 환자들에게는 해방을 향한 첫걸음이었다. 그들과 함께 행진한 마르코 까발로는 그들의 애환을 나타내는 상징물이었다. 이 나무로 만든 말 조각은 정신병원에서 열린 환자 대상 그림, 조각, 연극, 글쓰기 워크숍에 참여했던 환자들이 직접 만든 조각품이었다. 그들은 오랜 시간에 걸쳐 거대한 목마를 완성하고 '마르코 까발로'라는 이름을 붙

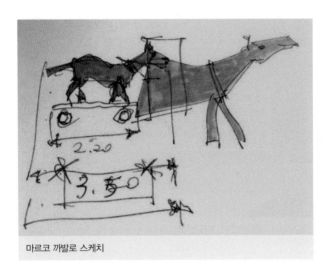

마르코 까발로 스케치

여서 불렀다.

환자들이 수용되었던 산지오바니 병원의 세탁물을 병원에서 외부 세탁소까지 나르던 말의 실제 이름이 마르코 까발로였다. 환자들 자신은 폐쇄된 정신병원에 갇혔으나 말은 자유롭게 거리를 활보할 수 있다는 사실이 부러웠나 보다.

마르코 까발로는 1959년부터 산지오바니 정신병원 주변에서 운반 일을 맡아오다가 이제는 나이가 들어 힘든 일을 감당하기 어려워진 상태였다. 산지오바니 정신병원의 환자들은 1972년 6월, 주 정부에 탄원을 내어 힘든 일에서 은퇴하여 쉴 수 있도록 해 주었다. 마르코 까발로는 이제 고된 운반 일을 하지 않게 되었다.

당시 병원에서 환자들을 위해 일하고 있던 아티스트 비토리오 바살리아Vittorio Basaglia는 마르코 까발로의 모습을 트로이 목마처럼

산지오바니 병원 벽면에 '자유가 치료다la libertà è terapeutica' 문구가 씌어 있다

만들어 볼 생각을 하고 있었다. 그는 산지오바니 정신병원 원장인 프랑코 바살리아의 사촌이었다. 바살리아 원장의 요청으로 병원에서 환자들을 위한 예술 프로그램을 진행하고 있었다. 그는 마르코 까발로를 형상화함으로써 정신 질환자들의 '자유와 휴머니티'를 담아내고 싶었다.

정신병원 환자들과 직원들은 마르코 까발로 모습을 디자인하고 직접 만들기 시작했다. 목마의 색깔은 '생의 환희'를 상징하는 스카이블루로 정해졌다.

목마는 정신병원 안에 있는 마당에서 만들어졌는데 높이가 너무 커서 4미터에 이르렀다. 바퀴 위에 실려서 이동은 쉬웠으나 원래 있던 문을 통해서는 밖으로 나올 수 없었다. 결국 문의 상단과 유리를 깨고 나올 수밖에 없었다. 이런 과정 자체가 정신병원의 벽을 허무는 상징적인 작업이기도 하였다.

그리고서 산지오바니 정신병원의 환자들은 마르코 까발로를 앞세워 마을의 거리를 행진하였다. 물론 정신병원의 의료진들도 함께했던 이 날의 퍼레이드는 병원에 갇혀 지내던 정신 질환자들에게 해방의 날이었다. 마르코 까발로는 억압에서 탈출하고자 하는 이들의 상징이 되었다. 나중에 이 목마는 바살리아 법으로 불리는 1978년 법률 180호,* 나아가 이탈리아 정신보건 혁명의 상징이 된다.

산지오바니 정신병원의 개혁 실험

마르코 까발로가 탄생한 병원은 산지오바니 병원이었다. 산지오바니 정신병원은 이탈리아를 넘어 세계 정신보건 개혁 운동의 역사에서 가장 중요한 병원의 하나이다. 1970년대 산지오바니 병원에서 이루어진 다양한 개혁 실험의 중심에는 1971년 8월 취임한 바살리아 원장이 있었다. 이 병원의 개혁 실험은 이탈리아 전국으로 퍼져 정신병원 폐쇄의 원동력이 되었다.

산지오바니 정신병원은 1908년 설립되었는데 설립 당시에는 정신병원들의 모범적인 모델로 여겨지기도 하였다. 그러나 이 병원도 마찬가지로 정신 질환자들을 수용하고 감금하는 전형적인 정신병원의 하나일 뿐이었다.

---

* 이탈리아어로 Legge 180(Legge Basaglia)

1971년 트리에스테 지방정부의 책임자였던 미셸 자네티Michele Zanetti는 정신보건을 혁신하려는 의지로 당시 정신보건 개혁가로 알려진 바살리아를 병원장으로 초청하게 된다. 바살리아는 1960년대 고리찌아Gorizia 정신병원에서의 개혁 실험으로 이미 전국적인 유명세를 타고 있었다. 바살리아가 트리에스테 주의 산지오바니 정신병원 원장으로 취임하면서 새로운 실험이 시작된다.

바살리아가 이 병원으로 옮긴 이유는 이전 근무지인 고리찌아에서 시작한 일을 끝내고 싶었기 때문이다. 수용소를 넘어 대안적인 지역사회 서비스 네트워크를 구성하고 기존 정신병원이 수행해 왔던 역할을 충분히 대신할 수 있음을 입증하고자 했다.

인구 약 25만 명의 트리에스테에 있는 산지오바니 정신병원은 바살리아가 부임한 해인 1971년 12월 31일 현재 입원 환자가 1,182명이었으며 해마다 1,300여 명의 환자가 교체되었다. 입원 환자 중 90% 이상이 법률 36호1904년*에 근거하여 강제 입원되었으며, 소수만이 최근 시행된 법률 431호1968년**에 근거하여 자의 입원한 환자였다.

바살리아는 산지오바니 병원에서 근무하기 시작할 때 이미 기존 정신병원들은 해체해야 한다는 생각을 품고 있었다. 어떻게 해체할 것인가가 주된 관심사였다.

---

* 이탈리아에서 정신보건에 관한 최초의 법률이다. 자신 또는 타인에 대한 위해 가능성 있을 경우 법원 판사의 결정에 의해 입원이 결정된다. 자의 입원은 가능하지 않았다. 입원은 곧 범죄자 수용과 같은 의미였다.

** 1904년 법률에 비교해 진일보하였다. 의학적 견해가 많이 반영되어 현재적 의미의 정신보건법이라 하겠다. 자의 입원도 가능해졌고 입원 사실이 범죄 기록으로 남지도 않았다.

바살리아는 자신의 사상에 대해 공감하고 해체 작업을 같이 해나갈 동료들이 필요했다. 그래서 이미 기존 시스템에 익숙해진 인력들보다는 새로운 인력들을 선호했다. 당시 젊은 의사들은 전통적인 정신의학에 크게 물들어 있지 않아 심리학자들, 자원봉사들, 학생들과 같이 정신병원을 해체하는 작업을 실행할 수 있었다. 변화를 끌어내기 위해 자원봉사자들도 병원의 의사 결정 구조에 적극적으로 참여하도록 하였다.

추진 중인 변화에 대해 점검하고 토론하기 위해 전 직원이 참여하는 회의가 매일 열렸다. 각 그룹별 회의도 자주 열렸다. 입소 환자들도 회의에 참여하였으며 바살리아가 직접 회의를 주관하기도 하였다.

바살리아는 임명 초기부터 병원 내부 공간을 환자 중심으로 재구성하기 위해 노력했고, 직원과 환자 간 계급 관계 타파에도 심혈을 기울였다. 병동을 둘러싼 장벽을 제거하고 병원의 문과 출입구들도 개방하였다. 병원 규모를 점차 줄이고 개방된 지역사회 개념으로 재구성하였다.

병원을 다섯 구역으로 구분하였는데 이는 트리에스테 주의 다섯 지역에 해당하는 배치였다. 큰 병동 구조를 분리하여 소규모 생활 공간으로 재구성하고 그룹이 모여 생활할 수 있는 아파트 공간도 만들었다. 처음에는 병원 안에 만들다가 나중에는 도시 안 다른 공간에도 설치하였다. 성별 분리 수용도 폐지하고 원 내 바Bar도 만들었다.

바살리아는 이전 병원처럼 신체 구속을 없애고 전기 충격 치료

당시 정신병원 회의 모습

도 제한하였다. 자유로운 입출소 등도 추진해 나갔다. 환자들이 참여하는 파티도 정기적으로 개최되었고 환자들이 직접 만드는 신문도 발행되었다. 환자들의 병원 생활에 활력이 생겨났다. 환자들은 몇 명이 짝을 짓거나 혼자서 도시 나들이를 나가기도 하였다.

바살리아의 파격적인 개혁 과정에 직원들과 지역 주민의 저항이 발생하기도 하였다. 바살리아는 1979년 한 회의에서 다음과 같이 회상한 적이 있다.

"…환자들은 위험하니까 수용소에 가둬야 한다는 생각이 우세합니다. 그래서 제일 먼저 해야 할 일은 사람들에게 이게 사실이 아님을 알도록 하는 것이죠. 우리는 사람들과 수용자와의 관계를 변화시켜 관계의 의미가 바뀔 수 있음을 보여주려고 매일 애썼습니다. 간호사들은 자신들의 업무가 달라질 수 있음을 깨닫고는 변화의 메신저가 되기도 하였습니다.

일반 사람들의 생각을 바꾸기 위해서는 정신 질환자들이 직접 다시 거리로, 사회생활 속으로 돌아갈 필요가 있었습니다. 지역 주민들 일부에서 공격적인 반응이 나오기도 했습니다. 그러나 변화가 일어나고 있음을 보여주기 위해 일정한 긴장도 필요했습니다. 간호사 훈련에서 중요한 점은 의사들에게 의존하지 않고 자신의 관점에서 의사 결정할 수 있는 새로운 작업자들을 키워내는 것이었습니다."프랑코 바살리아,
Brazilian Conferences, 1979[7]

체계적인 훈련과 참여를 통해 나중에는 간호사들이 '수호자'로서의 전통적인 역할을 포기하고 개혁 과정에서 중요한 역할을 담당하게 되었다.

1972년부터는 정부의 재정 보조도 시작되었다. 반복적인 재입원을 피하려고 병원에서 퇴원하였지만 일자리를 구하지 못한 환자들에게 재정 지원이 이루어졌다. 악순환의 고리를 끊으려는 시도의 일환이었다. 지역사회에서 제대로 정착하려면 경제적 안정이 이루어져야 하는데 퇴원한 환자들에게는 쉽지 않은 과정이었다.

정신병원을 넘어서 지역사회로 복귀하기 위해서는 도시에 사는 '온전한' 사람들과 정신 질환자들의 접촉이 일상적으로 이루어져야 했다. 그래서 바살리아는 트리에스테 지역에서 파티나 활동에 환자

들이 적극적으로 참여하도록 격려하였다.

산지오바니 병원의 실험은 계속되었다. 1972년에는 입원 환자 60여 명을 중심으로 노동자연합협동조합United Workers Cooperative(Cooperativa dei Lavoratori Uniti)이 결성되었고 법적으로도 인정받게 되었다. 협동조합 조합원들은 병동과 부엌을 청소, 관리하면서 병원으로부터 계약된 급여를 받게 되었다. 이전에는 작업 치료라는 이름으로 무임 착취됐던 활동이었으나 이제 정당한 급여를 지불받게 된 것이다. 이는 나중에 이탈리아에서 사회적 협동조합의 모태가 되기도 한다.

병원 자체를 변화시키는 것도 중요하지만 결국은 병원이라는 수용소 벽을 넘어 지역사회로 다가가야만 했다. 개혁의 종점은 정신장애인들이 지역사회에 안착하는 것이었다. 바살리아는 이를 위해 다양한 시도들을 진행해 나간다. 특히 가족들과의 관계를 회복시키기 위해 노력했고 퇴원 준비하는 수용자들의 거주와 직장 문제도 해결하기 위해 노력했다.

바살리아는 병원 마당에서 진행하는 전시회, 파티, 콘서트 등을 일반 시민들에게 개방하기 시작했다. 이러한 경험들을 통해 여성운동, 학생운동, 정치 조직, 노동조합, 미디어, 지식인, 예술가 집단 등, 일반 대중 조직들과 정신의학의 협력 기반을 마련하게 되었다.

그림, 조각, 연극, 글쓰기 워크숍이 처음으로 환자들이 퇴원하고 빈 병동에서 진행되었다. 앞에서 얘기한 파란 색의 말, 마르코 까발로도 여기서 제작되었다. 이 말은 수용자들에게 자유에 대한 욕망을 상징하는 존재였다. 마르코 까발로가 거리 행진에 나선 것은

1973년 2월이었다.

1973~74년도에는 입원 환자들의 그룹을 나누는 방식을 바꾸게 된다. 이전에 질병 중증도 기준으로 그룹을 나눴다면 이번에는 도시의 출신 지역에 따라 그룹을 나눴다. 환자 자신의 출신 지역에 따라 4개 지역으로 나눠 배정하였는데 이 지역 구분은 현재 4개의 정신보건 센터가 설치된 지역 구분과 일치한다.

업무도 환자들을 가정과 지역사회로 퇴원시켜서 제대로 정착하는 것을 지원하는 방향으로 맞춰졌다. 도시에 있는 다른 기관, 에이전시, 시민 단체들과 협력을 해야 하는 일들이 늘어났다. 병원 외부의 업무는 다양한 문제에 봉착하기도 하고 성공적으로 이루어지기도 하였으며 갈등이 발생하기도 하였다. 이런 과정을 거치면서 실제 치료 방식이나 시설, 행정 조직에도 큰 변화가 일어났다. 병원은 의사와 간호사들의 실습 학교가 되었다.

세계보건기구는 산지오바니 병원의 다양한 노력을 인정하여 1973년 10월 트리에스테 지역을 정신의학 '시범 지역'으로 결정하게 된다.

1975년 초 병원에는 800여 명의 입소자가 있었는데 자의 입원은 150명, 460명은 손님 자격으로 있었고 해마다 1,700여 명의 환자가 바뀌는 상황이었다. 병원에서 퇴원한 환자들은 가족들과 함께 살거나 아니면 그룹 홈, 공영 주택 등에 거주하였다.

1975~76년 사이에 지역 거주 시설이 마련되었다. 처음에는 정신병원에서 바로 퇴원한 환자들을 위한 시설이었는데, 위기 상황에 놓인 환자들이나 데이 센터로도 이용하게 되었다. 이로 인해 입원

1974년 바살리아와 산지오바니 병원 환자들의 처음 나들이 모습

횟수, 빈도, 기간 등이 감소하게 되었다. 그리고 병원 주변에 처음으로 정신보건 센터가 문을 열게 된다. 지역사회 정신보건 센터는 바살리아 법 시행 이후 정신병원이 폐쇄되면서 정신보건 업무를 책임지는 역할을 맡게 된다.

이는 정신보건의 축이 정신병원에서 지역사회로 이동하는 계기가 되었다. 이 기간 정신병원과 정신보건 센터가 동시에 존재하는 미묘한 상황이 벌어지게 된 셈이다. 그러나 지역사회 서비스가 강화되고 24시간 정신보건 센터가 성장 발전하면서 이행 국면이 자연스럽게 마무리되어 갔다. 정신보건 센터가 어느 정도 기능하고 있었기에 바살리아 법 시행 이후 산지오바니 병원은 전국에서 처음으로 폐쇄 선언을 할 수 있었다.

병원 개혁이 속도를 낼수록 입원 환자는 감소했다. 1977년 초엔

환자가 132명으로 줄었는데 그중에서 51명만이 강제 입원이었고 나머지는 자의 입원이었다. 갈 곳이 없어 손님 자격으로 체류하던 환자는 433명이었다. 1977년 2월에는 지역의 일반 종합병원 응급 실에 24시간 정신과 서비스가 개설되어 정신의학적 요구를 평가하고 위기 대응에 좀 더 적합한 방식을 제공하게 되었다. 이 서비스는 1980년 법률 180호에 따라 일차 의료, 입원 환자 협진 그리고 정신 보건 센터 의뢰 등의 기능을 포괄하는 '정신의학 진단과 케어 서비스Psychiatric Diagnosis and Care Service'로 전환되었다.[8]

자신감을 얻은 바살리아는 1976년 말 정신병원 폐쇄를 공식 선언하였다. 이때의 폐쇄 선언은 상징적인 의미를 갖는다. 아직도 병원에는 환자들이 남아 있었고 병원도 자기 기능을 하고 있었다. 실질적인 병원 폐쇄는 바살리아 법 시행 이후에 이루어진다.

"지역사회 정신보건 센터는 지역에 따라 케어 수준이 차이 나기는 하지만 퇴원 환자, 새로운 환자, 시민들이 자주 모이는 장소가 되었다. 시작할 때는 공통점이 없던 사람들이 공통의 요구나 억압에 따라 실질적으로 연대감을 느끼게 된다.

이른바 '환자 관리'가 병원 안에서 환자 자신의 인생을 전적으로 관리하는 데서 벗어난다는 점이 중요한 사실의 하나이다. 온정주의가 끝나고 새로운 협상이 시작되는 시점에서 환자의 인생은 다른 방식을 허용하는 상호 작용으로 변화를 맞게 된다."프랑코 바살리아, The Closing of the Psychiatric Hospital, Press Conference, 1976

정신병원에서 퇴원한 환자들은 오랫동안 지역사회와 떨어져 살아왔으므로, 정신병원 폐쇄는 환자뿐만 아니라 지역사회에도 부담일 수 있었다. 그래서 환자들을 지원하기 위해 과도적으로 지역 정신보건 센터를 24시간 운영하도록 했다. 그래도 환자들은 여전히 외롭고 불안해했다. 결국에는 지역사회에서 일자리를 구하는 것이 가장 중요함을 깨달았으나 일반 회사들은 정신 질환자들의 취직을 쉽게 허락하지 않았다. 지역사회에서 살아가는 것이 병원보다 더 힘들다고 느끼는 환자들도 있었다.

바살리아는 병원의 일반 직원들이 월급이 적어서 다른 일로 보충한다는 사실을 알게 되었다. 일의 종류는 다양했다. 바살리아는 그래도 정신 질환자들과 소통 가능한 직원들에게 자기 일터로 환자들을 데리고 가서 도와주도록 했다. 작은 회사들이 성공해서 점차 커짐에 따라 고용 환자 수도 늘어났다. 회사가 커지자 공간이 필요해졌는데 바살리아는 폐쇄 병원을 활용하여 회사 사무실과 작업장으로 사용하도록 했다. 병원들이 주로 도심에 있었기에 운송에도 유리했다.[9]

바살리아가 추진했던 개혁 과정에서 수용자들의 재활을 방해하는 것은 기능 장애나 질병 그 자체가 아니라 수용자들의 법적, 행정적 지위 문제였다. 병원 측은 주 정부와 협상하여 데이 케어 또는 나이트 케어가 가능하도록 했고 실제 입원이 필요하지는 않지만 주거나 일, 사회 네트워크가 없는 사람들이 손님으로 병원에 거주할 수 있게 조치했다.*

　"처음 몇 년 동안은, 환자들의 시민권 회복과 경제 활동에 관한 환자
들의 상황을 변화시키기 위해 가족이나 부양자와 대화에 노력을 많이
기울였습니다. 이것이 정신의학의 통제로부터 사람들을 자유롭게 하
기 위해 우리가 할 수 있는 유일한 일이었습니다. 수용자들은 시설이
나 정신의학에 의해 완전히 대상화되지 않는 독자적인 정체성을 갖는
사람으로 인식되어야 합니다. 우리는 무엇보다도 우선 그들에게 시민
으로서 지위를 되돌려 주지 않는 한 그들과 적절한 관계를 형성하는
것이 가능하지 않다는 결론에 도달했습니다." 프랑코 로텔리Franco Rotelli 인
터뷰, 1978년[10]

　이러한 노력이 전국적으로 퍼져 마침내 이탈리아 의회는 1978년
정신병원의 점진적 폐쇄와 지역사회 서비스로의 대체를 골자로 한
이른바 '바살리아 법'을 통과시키게 된다. 트리에스테라는 작은 도
시에서 시작된 정신보건 개혁이 전국에서 지지를 얻게 된 것이다.
법률 시행 후 20여 년이 지난 1998년에는 이탈리아 전역에서 정신
병원이 폐쇄된다.[11]

　1978년 5월 13일, 트리에스테 지역을 중심으로 일어난 탈시설화
운동의 강력한 영향과 법률 36호1904년에 대한 폐기 국민투표의 압

---

* 이즈음, 바살리아의 개혁을 전폭 지원하는 미셸 자네티가 이끌던 주 정부는 위기에 처해 있었다.

바살리아

박* 속에 이탈리아 의회는 정신의학 개혁 법안인 법률 180호를 통과시켰다. 이 법률은 점차 정신병원을 폐쇄하고 지역사회 서비스로 대체하는 내용을 담고 있었다. 이 법률이 통과될 당시 트리에스테 지역의 정신병원은 이미 폐쇄 직전까지 가 있었다.

바살리아가 트리에스테에서 진행한 정신병원 개혁 실험은 '바살리아 법'이라는 결실을 얻게 되었다. 이제 바살리아에게 새로운 임무가 기다리고 있었다. 1979년 11월 바살리아는 트리에스테 지역을 떠나 로마로 옮겨서 라찌오Lazio 지역의 정신보건 업무를 책임지

---

* 만약 국민투표가 시행되어 법률 36호가 폐기되면 정신의학 분야에서 법적 공백 상태가 발생할 수도 있었다.

게 되었다. 트리에스테 지역은 프랑코 로텔리가 후임으로 정신보건 개혁 임무를 이어 나갔다.

바살리아와 개혁 작업을 같이 수행했던 로텔리의 임무는 정신병원을 최종적으로 폐쇄하고 '혼란과 쇠퇴 상황'이라는 비난을 극복하는 것이었다. 로텔리는 아직도 명확하게 정립되지 않은 지역사회 서비스를 강화하고 자원의 이용을 재조직화해야 했다. 조직, 행정, 관리의 측면에서 몇 년 동안은 이행기에 해당되었다.

바살리아가 로마로 떠나고 로텔리가 후임을 맡은 직후인 1980년 4월 21일, 주 정부는 "트리에스테 정신병원의 역할을 중단하고 폐쇄한다."고 선언하였다. 산지오바니 정신병원은 바살리아 법에 의해 이탈리아에서 가장 먼저 문을 닫는 병원이 되었다.

그러나 로마로 옮긴 프랑코 바살리아는 새로운 임무를 제대로 수행해 보지 못하고 1980년 8월에 사망한다. 1971년 8월 산지오바니 병원에 원장으로 취임하고 10년 만에 그의 병원 개혁 활동이 결실을 거둬 바살리아 법이 시행되고 산지오바니 병원은 폐쇄되었으나 이를 지켜본 직후 자신도 숨을 거둔 것이다.

바살리아를 기리며

이탈리아 국민들은 지금도 바살리아의 노력을 기억한다. 마찬가지로 산지오바니 정신병원 환자들과 같이 트리에스테 거리를 행진했던 파란 목마 마르코 까발로도 이탈리아 정신보건 혁명의 상징으

영화 「바보들의 마을이 있던 그 옛날」 포스터

로 남았다.

2010년, 바살리아 사망 30주기를 맞아 그를 기리는 영화가 제 작되었다. 영화 「*C'era una volta la città dei matti*」는 마르코 투르코 Marco Turco가 감독한 이탈리아 영화로, 고리찌아와 트리에스테 정 신병원에서 진행된 바살리아의 활동에 초점을 맞추고 있다. 제목을 우리말로 번역하면 「바보들의 마을이 있던 그 옛날」Once upon a time there was the town of fools 정도가 될 것이다. 이 영화는 이탈리아 국영 방송에서도 방영되어 7백만 명 이상이 시청하였다고 한다.

영화의 목적은 1978년 법률 180호의 제정에 이르기까지 정신 질환자에 대한 접근 방식의 변화 과정을 보여주는 것이었다. 트리에스테 정신보건국도 이 영화의 역사적 상황과 과학적 정확성을 높이기 위해 조언을 아끼지 않았다. 이 영화는 낙인과 편견의 주제를 잘 끌어냈다는 점을 인정받아 상하이, 몬테카를로, 로마 영화제에서 국제 영화상을 받았다.

이 영화는 정신 질환자들에 대한 낙인과 권리에 대한 대중적 논쟁을 일으켰다. 탈시설화에 대한 논쟁에서 이 영화는 유용한 자료로 활용된다.[12]

· 후주 · ··

(1) John Foot, "Franco Basaglia and the radical psychiatry movement in Italy, 1961~78", *Crit Radic Soc Work. 1; 2(2):* 235~249, 2014 Aug

(2) John Foot, 위와 같은 2014 글

(3) John Foot, 위와 같은 2014 글

(4) www.triestesalutementale.it/english/index.htm

(5) 유튜브에서 당시 필름을 볼 수 있다. https://youtu.be/FlBQHGJ8otl

(6) John Foot, 위와 같은 2014 글

(7) www.triestesalutementale.it/english/index.htm

(8) www.triestesalutementale.it/english/index.htm

(9) Italy: The Social Cooperative, National Mental Health Information Center (http://lists.topica. com/lists/massfreedomcenter/read/ message.html?sort=d&mid=912193773)

(10) www.triestesalutementale.it/english/index.htm

(11) 최준석, 「정신병원이 사라진 이탈리아」, 웹진 『인권』, 국가인권위원회, 2008.3

(12) Forti, A., "Mental Health Analysis Profiles (MhAPs):Italy", *OECD Health Working Papers, No. 71,* OECD Publishing, Paris, 2014. (http://dx.doi.org/10.1787/5jz15922hmd4-en)

1960~70년대 이탈리아의
정신보건 개혁 운동

1978년 이탈리아에서는 격렬한 논쟁을 거치면서 마침내 바살리아 법이 제정되고 정신병원이 폐쇄되기에 이른다. 이탈리아 정신보건 분야의 상황은 어느 정도였을까. 지금의 우리 현실과는 얼마나 차이가 있을까.

이탈리아 정신보건의 역사

이탈리아에서 1800년대 이후 수용된 정신장애인 수는 100명당 0.5명에서 1.5명으로 증가하였다. 주로 하층 계급 사람들이 생활 조건의 악화로 수용되었다. 사회 범죄를 저질렀거나 타인에게 위해를 가할 가능성이 있는 사람들도 정신병원에 수용되었다.[1]

1904년 정신보건에 관한 포괄적 법령이 이탈리아에서 처음 제정되었는데 그 주요 내용은 현 법률과는 아주 다른 것이었다. 예를 들면 공공 정신병원의 내규에는 '정신 질환에 걸린 환자가 자기 자신 또는 타인에게 해를 끼칠 우려가 있을 때, 정신병원에서 치료받고 보호받아야 하며 정신병원이 아닌 곳에서 보호되거나 치료받아서는 안 된다.'고 명시되었다. 최초의 입원은 법원 판사가 결정하도록 하였고 1개월 동안의 평가 기간을 거쳐 퇴원 또는 영구 수용 여부가 결정되는 것으로 제1조에 명시되어 있다.

정신병원의 입원 기록은 범죄 기록에 남았으며 결국 이것은 시민권의 상실을 의미하였다. 이 법에 따르면 정신 질환 치료를 위한 자의 입원은 불가능했다. 1904년 법률안은 환자의 치료를 위한 것이 아니라 사회를 보호하기 위한 것이었다. 정신 질환에 의한 입원은 곧 범죄자 수용의 의미였다. 일반 범죄보다도 오히려 더 가혹하게 적용되었다.

응급 상황의 입원은 경찰이 담당했다. 입원은 강제적이었고 입원 기간도 무제한이었으며 입원은 곧 시민권과 정치적 권리의 박탈을 의미했다. 정신보건의 제공은 지방 정부의 몫이었는데 이들은 정신병원을 일반 보건의료 시스템과 분리 운영하였다.[2]

1960년대까지도 이탈리아에서는 많은 정신장애인이 공공 정신병원에 수용되어, 1960년대 말에는 그 수가 거의 10만 명에 이르렀다. 대부분은 강제 입원 수용자들이었다.

1950~60년대 들어 향정신성 약물이 새롭게 개발되고 사회 정치적 환경이 변하면서 정신보건 상황도 변하기 시작했다. 사회 정신

의학이 정신보건에 관한 새로운 패러다임을 제공하면서 이탈리아의 중부와 북부 지역 일부 정신병원에서 개혁이 진행되었다. 정신병원 밖에 새로운 정신보건 서비스를 제공할 수 있는 기반이 마련되고 장기 입원 환자들을 지역사회에 머물도록 했으며 다시 정신병원에 입원하는 것을 예방하기 위해 노력했다.[3]

이탈리아 정신의학에서 심각한 논쟁의 시작은 1960년대부터 시작되었다. 1945년부터 국가보건서비스NHS가 도입되고 민간 의료와 자선 의료 시스템도 발달한 영국에서는 1959년 정신 질환자들의 복지에 관심을 두는 새로운 정신보건법이 제정되었다. 반면에 이탈리아는 다른 남부 유럽의 지중해 연안 국가들처럼 정신 질환자들의 상황은 끔찍했다.

이탈리아에서 1970년대 이전까지는 정신보건에 대한 투자는 미미했고 1904년 법률이 1968년 개정될 때까지도 자의에 의한 입원은 허용되지 않았다. 정신의학 자체도 의학 내에서 독립적인 위상을 갖지 못하고 있었다.[4]

이탈리아에 만연했던 정신 질환자에 대한 비인간적인 치료는 정치적 불안을 일으키기도 하였다. 바살리아가 처음 일했던 고리찌아에서도 정신병원 수용소는 일반 사람들이 볼 때는 너무 무서운 곳이었다. 정신병원은 사회 부적응자, 정신 질환자들을 강제 수용하는 곳이었고 학대와 방치가 심각하게 이루어지는 곳이었다.

이탈리아에서 탈시설 운동의 시작

1960년대부터 정신장애인의 탈시설 운동이 이탈리아에서 최초로 시작된다.[5] 이 탈시설 운동이 제대로 이루어지려면 다른 방식의 서비스와 이를 제공할 수 있는 조직이 필요했다. 국가 차원의 법률 지원 체계가 없는 상태에서 지역 기반 조성은 온전히 지방정부의 몫이었다.[6]

1960년대 이후로 이탈리아뿐만 아니라 다른 선진국에서도 지역사회 정신보건으로 정책의 기조가 변화되면서 이를 반영하는 새로운 법률 제정의 필요성이 제기되고 있었다. 이탈리아에서는 1968년 현대적 의미의 정신보건법이 개정되었는데 이를 '법률 481호 Mariotti reform'라고 이름 지었다.[7] 1904년 이후 처음 변화를 맞게 된 것이다.

법률 481호에는 ① 자발적 입원의 허용, ② 정신병원에 입원했던 사실이 범죄 기록에 기록되는 조항의 폐지, ③ 병원과 병동의 규모 및 환자 대비 인력의 비율 기준 명시, ④ 추후 관리와 예방을 위한 정신병원 밖 외부 시설의 설립, ⑤ 각각의 서비스가 정신병원과 연결되어 진료, 예방, 재활의 연속성을 보장 같은 내용이 담기게 되었다.

이 법은 완전히 집행되지는 못했으나 정신보건에 헌신하는 인력들이 지역사회에서 일할 수 있는 근거를 마련해 주었다. 이 법률이 통과된 1968년 이후 바살리아 법이 제정된 1978년 사이에 정신병원 병상은 계속 줄었고 동시에 입원 수도 감소하였다. 다른 유럽 국가들도 비슷한 추세를 보였고 이는 세계보건기구의 정책과도 일치하는 방향이었다.

이 기간 탈시설화는 가속되었는데 장기간 입원은 줄고 단기간의 자발적 입원은 증가 추세를 보였다. 공공 정신병원의 병상 수는 1962년 97,946병상에 1977년 70,070병상으로 감소하고 환자 수도 91,237명에서 58,445명으로 감소하였다. 반면에 정신병원 입원 횟수는 72,290회에서 92,212회로 증가하고 퇴원 횟수도 66,564회에서 93,546회로 증가했다.

평균 입원 기간은 209일에서 142일로 감소하였다. 민간 정신과 클리닉, 요양원, 일반 병원의 신경과 병상에 입원하는 경우는 증가하였다. 이런 변화에도 불구하고 기본적인 서비스는 부족했고 무언가 정신보건 분야에서 근본적인 대책 마련이 필요했다.[8]

민주정신의학회

정신 질환자에게 있어 실제 문제는 질환 자체보다도 그들을 바라보고 그들을 치료하는 방식에 있었다. 사회로부터 분리하여 정신병원에 감금해 버리는 방식이 문제였다. 그들은 비인간적이고 굴욕적인 체제에 종속될 수밖에 없었다. 바살리아는 '의학적 이데올로기가 폭력적 법률에 기여한다.'고 언급한 바 있다.[9] 끔찍한 현실에 직면하여 바살리아는 "정신의학자들은 정치가가 되어야 한다."는 주장을 벌이기도 하였다.

바살리아의 이념과 실천은 혼자만의 것이 아니었다. 그의 생각에 동의하고 같이 행동하고자 하는 그룹이 있었다. 이들은 민주정신의 학회The Society for Democratic Psychiatry를 구성하고 정신장애인들이 정신병원에서 벗어날 수 있도록 지원하는 운동을 펼쳐 나갔다. 이는 정신의학이라는 학문적 영역에 제한되지 않으면서, 기본적으로 정치 운동 조직의 성격이 강했다. 바살리아 법의 탄생도 이런 집단적 지원 덕에 가능했다.

민주정신의학회는 주로 파르마, 트리에스테 등 이탈리아 북부 지역 정신병원에서 해체 작업에 참여하던 정신보건 활동가들이 모여서 1973년 결성한 정치적 조직이었고 주로 좌파 성향을 띠었다.[*] 이 무렵 바살리아와 트리에스테는 이탈리아에서 정신의학 저항 운동의 거점 성격을 가졌다.

민주정신의학회의 기본 방침은 정신의학 분야에서 사회적 편견과 배제에 맞서 계속 싸워 나가는 것, 가장 명백하고 폭력적인 배제가 실행되는 수용 시설에 대해 투쟁하는 것, 수용 시설 설치와 운용 체제의 지역사회 재생산을 막는 것, 이탈리아 정신보건 시스템의 개혁을 통해 일반적 의미의 건강과 정신보건의 연관성을 확립하는 것 등이었다.

민주정신의학회는 고리찌아, 파르마, 트리에스테, 아레쪼, 베로나 등에서 개혁 초기부터 지역 유지들과 판사들의 저항에 부딪혔다.

---

[*] 당시 같이 정신보건 개혁 운동을 시작한 활동가들은 Franca Basaglia, Domenico Casagrande, Franco di Cecco, Tullio Fragiacomo, Vieri Marzi, Gian Franco Minguzzi, Piera Piatti, Agostino Pirella, Michele Risso, Lucio Schittar, Antonio Slavich 등이었다.

기독민주당은 민주정신의학회의 활동에 적극적인 반대 활동을 펼쳤고, 주요 정당이었던 이탈리아 공산당도 민주정신의학회를 지원하지 않았다. 사실 민주정신의학회 구성원들의 성향은 다양했다.[(10)]

민주정신의학회는 정신장애인의 인권을 지켜내기 위해서 정치 운동의 필요성을 인식하게 된다. 1977년에는 정신보건법을 개선하고 정신 질환자들의 정신병원 입원 억제를 청원하기 위해 인권에 관심이 많았던 급진당The Radical Party*과 협력하여 백만인 서명 운동을 벌여 4분의 3 정도의 서명을 받았다. 이탈리아 법에 따르면 이 청원은 개별 이슈에 대해 국민투표까지 갈 수도 있는 상황이었다. 정부는 행정부 사퇴까지 이를지도 모르는 국민투표를 피하려고 1978년 바살리아 법을 제정하기에 이른다.[(11)]

젊고 급진적인 정신의학자들은 수용소에서 벌어지고 있는 일들을 그대로 받아들이지 않고 이를 개혁하기 위해 노력했다. 간호사들, 자원봉사자들의 지원을 받았고 새로운 의식을 가진 정치가나 공무원들의 도움을 받기도 했다. 전후에 형성된 새로운 정치 세력들은 새로운 정신의학과 만나 기존의 수용소들을 개혁하고 싶어 했다. 그들은 욕망이나 권력에 좌우되지 않고 인본주의 원칙과 도덕

---

* 급진당은 이혼과 낙태, 정치 부패 근절, 양심적 병역 거부, 마리화나 합법화, 존엄사, 반파시즘과 반전, 사형제 반대, 수형자 인권 운동 등 급진 이념을 표방하는 정당이다. 1955년 창당된 군소 정당으로, 총선 득표율 1%를 넘긴 적이 드물다. 전통적으로 이탈리아의 3대 정당은 기독민주당, 공산당, 사회당이다. 1979년 총선(정당 비례 대표제)에서 급진당이 3.4%를 득표, 하원 630개 의석 중 18석을 차지한 적이 있다. 정치철학자 안토니오 네그리가 1979년 모로 전 수상 납치 암살 연루 등 혐의로 체포된 뒤 1983년 선거 때 입당한 정당이 급진당이었다. 1987년 선거에서는 포르노 배우인 일로나 스탈레르(Ilona Staller, 예명 치치올리나)가 후보로 나와 당선되기도 하였다. 급진당은 바살리아 법 탄생에도 기여하였다. 임신 3개월 이내의 낙태를 허용하자는 법률 194호(낙태 허용 법안)를 발의하여 우파 정당들의 거센 반발 속에 1978년 5월 국민투표를 통해 통과시키기도 하였다.

명령에 따라 개혁을 진행해 나갔다.[12]

이탈리아 정신보건 개혁은 정신병원 내부에서 발생한 운동으로 촉발되어 수용소의 해체까지 나가게 된다. 정신병원 안에서 일하던 사람들에 의해 문을 닫게 된 셈이다. 동시에 자신들은 직업을 잃게 되었다. 이탈리아에 이제 정신병원 원장이라는 자리는 없다. 자신의 이해와 충돌하는 부분도 있었다. 정신보건 개혁 운동은 이런 한계들을 넘어서고 있었다.[13]

이 운동은 해방, 민주주의, 평등을 위한 투쟁이자 인간의 기본권을 위한 것이었다. 이 결과 정신병원에 갇혀 있던 10만 명에 가까운 '수용자'들이 역사 속으로 사라지게 된다.

바살리아가 정신보건 개혁 운동을 수행하는 동안 활동을 같이했던 많은 동료가 있다. 대표적인 인물은 바살리아의 뒤를 이어 산지오바니 정신병원 원장 직을 맡아서 병원의 폐쇄와 지역사회 정신보건 사업을 마무리한 프랑코 로텔리와 바살리아의 아내이자 정신의학자인 프랑카 바살리아 온가로 등이 있다.

바살리아의 아내인 프랑카 온가로는 정신보건 개혁 운동의 동지이기도 하다. 온가로 역시 바살리아 법의 시행을 위한 길고 어려운 싸움에 매진한다. 그 과정에 개혁을 방해하거나 무시하려는 무수한 시도들이 있었다. 그러나 최종 싸움에서 승리한다.

프랑코 로텔리는 바살리아와 같이 정신보건 개혁 운동을 수행해온 정신과 의사였다. 로텔리는 바살리아가 파르마 지역의 콜로르노 정신병원 원장으로 근무할 때부터 알고 지냈으며 바살리아가 트리

부인 프랑카 온가로와 바살리아

에스테 산지오바니 정신병원 원장으로 취임하자 그곳에서 수련을 받고 1973년 정식 채용되어 정신병원의 개혁 실험을 같이 수행하게 된다. 바살리아 법이 의회를 통과한 다음 해인 1979년 바살리아가 수도 로마의 정신보건 개혁을 위해 떠나고 로텔리는 산지오바니 정신병원의 원장을 맡아 개혁을 마무리하였다.

그가 원장을 맡은 다음 해인 1980년 산지오바니 정신병원은 완전히 문을 닫았다. 이후 로텔리는 트리에스테 지역 정신보건국장을 맡아 개혁 운동을 이끌어 나갔다. 로텔리는 정신병원을 폐쇄한 이후, 365일 24시간 문을 여는 정신보건 센터, 환자들이 거주할 수 있는 아파트, 그룹 홈, 취업을 위한 사회적 협동조합, 예술적 · 문화적 · 연극적인 활동을 하는 아틀리에 등을 설립하였다.

바살리아 법은 오랜 기간 여러 정치 권력과 지방 행정으로부터

프랑코 로텔리

저항을 받았으나 트리에스테의 정신보건 서비스 실적이 신뢰성을 담보해 냈다. 이 과정에서 프랑코 로텔리의 역할은 지대했다.

1986년에는 정신보건 연구·리서치 센터가 발족하였는데 이는 세계보건기구의 협력 센터가 되었다. 로텔리는 1980년대 전반에는 정신병원을 대신하는 정신의학을 내건 '그물형 레이스 인터내셔널'에 참여하였으며 브라질, 아르헨티나, 독일, 스페인, 쿠바, 도미니카 공화국, 베네수엘라, 그리스, 일본 등의 나라에 초대되어 강연하기도 하였다.

1990년대 들어 그리스의 레로스Leros 섬에 있는 아주 폭력적인 정신병원의 개혁을 맡아 트리에스테와 네덜란드 합동 팀을 구성하여 개혁에 착수하기도 하였다. 레로스 섬에 정신병원이 설치된 것은 1958년으로 처음 400여 명의 환자를 장기 수용하기 시작하였다.

나중에는 정신지체 환자들도 수용하였고 이곳에서 나고 자란 아이들까지 해서 1970년대에는 수용 인원이 3천 명을 넘어섰다.* 로텔리는 레로스 정신병원의 환자들을 재분류하고 가능하면 원래 집에 가까운 곳에 있는 다양한 거주 시설로 옮겼다. 상태가 중한 환자 200여 명만 원래 병원에 남게 되었다.

로텔리는 1997년 이탈리아와 쿠바 정부 간 협력 책임자라는 임무를 맡기도 하였다. 그는 쿠바 정신과 시설을 둘러싸고 약 1년에 걸쳐서 하바나에서 쿠바 당국의 특별 조처를 수행하기도 하였다. 동시에 세계보건기구 프로젝트의 하나로 브라질, 아르헨티나, 도미니카 공화국의 정신보건 개혁에도 참여하였다.

지역 보건 기구가 지역 보건 공사ASL로 개편된 이후에는 10년 이상 공사 대표를 역임했다. 1998년 프리울리-베네치아-줄리아 주 정부에 의해, 트리에스테 보건 공사의 대표로 임명되었다. 2001년부터 2004년까지는 칸파냐 주지사 밧소리노의 초대로 카제르타 보건 공사 대표를 맡기도 하였다.

카제르타의 관내에는 악명 높은 아베르사 사법 정신병원이 있었다. 로텔리는 사법 정신병원으로부터 죄수를 구조해 내기 위해서, 트리에스테와 비슷한 지역 정신보건 서비스 네트워크를 구축한다. 2013년 로텔리는 프리울리-베네치아-유태인 리어 주의 주 의회 의원이 되어 보건-사회정책 위원회 위원장으로도 활동하였다.[14]

---

* 영국의 채널4 다큐멘터리 프로그램에서 레로스 정신병원에 관한 내용이 『Island of Outcasts』라는 제목으로 방영되면서 세간의 관심을 끌게 된다. 이 영상은 유튜브에서 검색하면 볼 수 있다.

1970년대 이탈리아 사회운동

이탈리아 정신보건 개혁 운동과 바살리아 법 탄생은 당시 이탈리아의 사회, 정치 상황과 무관하지 않다. 사회운동의 강력한 지원이 없었으면 정신보건 개혁은 불가능했을 것이다. 이 시기 68혁명이 기폭제 역할을 한다.

세계를 뒤흔든 68혁명은 1970년대 내내 이탈리아 사회에 지속적이며 강력한 영향을 미치게 된다. 이탈리아의 68혁명 운동은 노동자와 학생의 융합이라는 특징을 띠면서 다른 나라들과는 달리 장기간 지속될 수 있었다. 이탈리아에서도 68혁명의 성과들이 기존 조직들에 흡수되어 가는 와중에 기층 위원회와 학생 자율 집회 등에 기초하여 전국적인 운동 조직이 만들어졌으며 투쟁은 점차 '공장에서 사회로' 옮겨갔다.

이탈리아에서는 아우토노미아Autonomia 즉 자율운동이 가장 활발하게 일어난다. 노동자 계급 이외의 사회 주변 계층도 적극 포괄해 나갔던 아우토노미아 운동은 다양한 형태로 전개되었다. 아우토노미아 노동자 운동은 투쟁의 제도화 속에서 공장 점거를 비롯한 다양한 투쟁 형태를 개발해 나갔으며, 이러한 투쟁은 공장을 넘어 사회 속으로 확산되었다. 주택 문제 해결을 위해 임대료 투쟁, 주택 점거 투쟁 등을 하였으며, '150시간 기획'이라는 교육 프로그램을 통해서 대안 교육 실험들도 진행하였다.[15]

운동 과정에서 학생, 여성, 장애인, 성적 소수자 등 사회 변두리 약자들이 노동자 계급의 지위만큼 인정받기 시작했고, 각 영역에서 자율적인 다양한 운동들이 전개되었다. 이러한 사회 분위기는 정신장애인들의 탈시설화 흐름에도 큰 영향을 미치게 된다.

1973년부터 아우토노미아 운동은 한편으로는 좀 더 조직된 운동으로, 또 다른 한편으로는 전국 조직은 해체되고 지역 조직들로 나뉘어 진행되는 '아우토노미아 영역'으로 분화, 전개되었다. 1973년 정신병원 폐쇄 운동에 참여하던 정신보건 활동가 중심으로 민주정신의학회가 창립되었고, 이들은 당시 활발하던 아우토노미아 운동의 흐름과도 함께하였다.

이즈음 등장한 아우토노미아 여성운동은 활동가들에게 큰 자극을 주었다. 이 여성운동은 '개인 정치학'을 새로이 강조하였고 생활의 질적인 요구와 투쟁의 자율 조직을 연결할 것을 강조함으로써 기존 운동 모델에 대해 문제 제기하였다.[16] 여성운동은 분리주의 입장에서 기존의 남성 지배적 운동을 공격하며 아우토노미아 운동을 본격적으로 개시하였다.

1970년대 중반에 접어들면서 여성운동의 대중적 진출이 두드러지게 된다. 이 시기에 대중 투쟁의 주요 쟁점으로 이혼법 국민투표가 있었다. 패배 가능성과 가톨릭과 비가톨릭의 분리를 두려워한 이탈리아 공산당은 국민투표를 회피하였으나 광범한 여성 대중의 시위 속에서 1974년 국민투표가 받아들여졌다.

노조 페미니즘이라는 흐름을 만들어낸 여성운동은 1980년대 들어서도 여성 센터들을 만들어 여성들의 자유 공간을 만들어 갔다.[17] 1970년대 분리주의적인 이탈리아의 여성운동은 분산적 방식을 통해 다양한 자유 공간, 다양한 미시 코뮌을 만들어 가는 방향을

제시하였다.[18]

역사적 타협 정책 실시, 대중 노동자의 중심성 상실, 새로운 사회적 주체의 등장과 새로운 대안 사회에 대한 요구 등은 1973~75년 사이에 아우토노미아 운동의 확산을 가져왔다. 이 운동의 대중적 불법 행동과 폭력 실천은 다양한 투쟁 형태로 확산하였다. 이들의 실천은 폭력 저항을 지향해 무장 조직으로 나가는 방향과 새로운 주체에 의해 분산된 폭력 행사 방향으로 분화하였다. 이러한 흐름 속에 1977년 들어 이른바 '주변 계층'의 '봄 반란'은 로마 대학 점거에서 시작해 볼로냐에서는 봉기 상태로까지 발전하였다.

1977년에는 공장 노동자, 학생, 여성, 동성애자, 실업자 등 사회 전 계층이 자율 인하, 무상 쇼핑, 대학과 공장의 점거를 벌였다. 노동으로부터 분리된 소득을 보장받도록 사회 체제를 변화시키려 한 새로운 운동의 분출이었다. 이런 상황은 노동자주의Operaismo 운동을 붕괴시키면서 세 가지 경향을 포함하는 범아우토노미아 운동을 발전시켰다.

아우토노미아 운동은 정치 권력을 거의 붕괴 직전의 상태까지 몰고 갔다. 1978년 3월 16일 '붉은 여단'에 의한 알도 모로 수상 납치 사건이 반전 계기가 되었고, 이후 전개된 1979년 4월 대탄압으로 아우토노미아 운동가들은 감금, 망명되었고 지하로 들어가게 된다.[19] 테러 운동과 아우토노미아 대중 운동의 간격이 커지고 국가의 탄압이 강화되는 위기 속에 각종 운동 조직들이 점차 사라져 갔다.

이탈리아에서 정신병원 폐쇄를 규정하고 있는 바살리아 법이 통과된 것은 수상 납치 사건 직후인 5월 13일이었다. 충격적인 테러 사건도 이 법의 통과를 막지 못했다.

테러 사건 전부터 여러 달에 걸쳐 정신병원의 참혹한 모습이 미디어를 통해 국민에게 알려졌다. 여기에는 사진, 영화, 비디오 등의 매체가 동원되었는데 정신병원의 이미지 악화로 인해 기존 법안의 폐지를 목적으로 한 국민투표 요구가 폭발하고 있었다. 의회는 국민투표를 피하려고 법률 180호 제정에 이르게 된다.[20] 1978년 12월에는 이탈리아에 국가보건서비스NHS가 도입되는 계기였던 '국가보건개혁 법 833호'가 통과되었다. 바살리아 법이라고 불리는 법률 180호는 그 개혁의 일부로 편입되었다. 법률 833호에 따라 지방 보건 행정기관이 보건 기획과 집행, 자원 배분을 책임짐으로써 정신보건 개혁도 더 심도 있고 광범위한 형태로 진행되었다.

·후주· ....

(1) 국가인권위원회, 「정신장애인 인권개선을 위한 각국의 사례연구와 선진모델 구축」, 『인권상황 실태 조사 연구용역 보고서』, 2009

(2) Marco Piccinelli, "Focus on psychiatry in Italy", *British Journal pf Psychiatry 181*, 538~544, 2002

(3) Marco Piccinelli, 위와 같은 2002 글

(4) Trieste: The Current Situation by Tim Kendall (www.human-nature.com/hraj/trieste.html)

(5) 국가인권위원회, 위와 같은 2009 보고서

(6) Marco Piccinelli, 위와 같은 2002 글

(7) 국가인권위원회, 위와 같은 2009 보고서

(8) Marco Piccinelli, 위와 같은 2002 글

(9) Tim Kendall, "Trieste: The Current Situation", Third International Conference on 'Psychosis: Integrating the Inner and Outer Worlds'. September 1996

(10) Tim Kendall, 위와 같은 1996 글

(11) Tim Kendall, 위와 같은 1996 글

(12) John Foot, "Franco Basaglia and the radical psychiatry movement in Italy, 1961~78", *Crit Radic Soc Work. 1; 2(2)*: 235~249, 2014 Aug

(13) John Foot, 위와 같은 2014 글

(14) 셀프피디아, pidia.selfhow.com

(15) 윤수종, 「68혁명과 자율운동」, 『동국대대학원신문』 2008.3.3

(16) 윤수종, 「이탈리아의 아우토노미아 운동」, 『이론』 14호, 1996

(17) 윤수종, 「68혁명과 자율운동」, 『동국대대학원신문』 2008.3.3

(18) 윤수종, 「여성운동과 진보의 방향」, 『진보평론』 제7호, 200

(19) 조정환, 「이탈리아 자율주의 운동의 흐름과 전망」, 『동국대대학원신문』 2004.11

(20) Marco Piccinelli. 위와 같은 2002 글

반정신의학과
탈시설 운동의 확대

정신 질환은 인류 역사 속에 함께해 온 듯 보이는데, 시대에 따라 정신 질환을 바라보는 사회의 인식 틀은 변해 왔다. 정신 질환에 대한 적개심은 중세 유럽에서 가장 높았다. 종교가 지배하던 중세 유럽에서 정신 질환은 사탄의 지배로 인식되어 사회로부터 배제되어야 할 존재였다. 17~18세기까지만 해도 정신병 환자들은 격리 수용되거나 떠돌이 배에 실려 멀리 보내지곤 했다. 마녀로 지목되어 사형당하기도 했다. 오히려 동시대의 이슬람권에서는 정신 질환에 대해 관대했다.

그런 중에도 정신 질환을 질병으로 간주하고 이를 치료하기 위한 다양한 시도들이 이루어졌다. 요한 메이어라는 의사가 마녀로 지목된 환자들을 성공적으로 치료하면서 정신병 환자를 인도적으로 대해야 한다는 운동이 일어났는데 이것이 1차 정신의학 혁명이

20세기 초반의 비세트르 병원의 모습

었다. 정신병 환자들의 수용 시설에는 사회에서 배제되는 모든 부류 사람들이 수용되었고 그들 중 많은 이들은 평생을 그곳에서 보내야 했다.

정신과 의사 필립 피넬Philippe Pinel, 1745~1826은 프랑스 대혁명 직후인 1793년 정신 질환자 수용소인 비세트르Bicetre 정신병원 원장으로 취임하여 환자들의 쇠사슬을 풀어 주었다. 당시 혁명의 분위기는 정신 질환자들에게도 관용을 베풀어 주었다. 이제야 비로소 이들은 환자로 대우받기 시작했다. 그러나 실제 이들을 치료할 수 있는 치료법은 없었다. 상황이 나아지기는 하였으나 이들은 여전히 시설에 수용되어 지내야 했다.

19세기에 퀘이커 교도인 윌리엄 투크는 자신이 속한 모임의 신자가 정신병원에서 비인간적인 대우를 받는 것을 보고 충격을 받아 인간적인 정신 치료를 받을 수 있는 시설을 만들기 위한 모금을 벌

여 큰 관심을 불러일으키기도 했다.[1]

환자들을 수용하던 정신병원들은 특별한 치료가 이루어지는 곳이 아니었다. 저절로 낫기를 기다리는 곳이었다. 19세기 초반만 해도 수용소에는 소수의 환자만 수용되어 있었으나 한 세기도 지나지 않아 도시에만 필요했던 정신 질환자 감금 정책이 모든 곳에 적용되는 기본 원칙이 되어 버렸다.

19세기 동안 수용소 감금자 수가 폭발적으로 증가하였다. 이러한 현상은 20세기 초반까지도 계속되어 제1차 세계 대전 이후 수용소는 만성 광기 환자와 치매 환자를 가둬 놓는 거대한 창고가 되어 버렸다. 20세기 초반 정신의학의 중심은 수용소와 다를 바 없는 정신병원에 있었다. 미국의 경우 정신병원 수용 시설의 환자가 1903년 14만 3천 명에서 1933년 36만 6천 명으로 증가한다.[2]

19세기 후반 프로이드는 정신분석학을 발전시켜 정신 질환의 치료에 심리 치료를 도입했다. 정신 질환에서 치료다운 치료가 처음 도입된 셈이지만 이 치료 방식은 고도로 훈련받은 의사들만 시행할 수 있었고 시간도 상당히 걸려 많은 환자들에게 적용하기는 어려웠다. 정신분석은 부자들의 자기 성찰 욕구에 맞는 것이었다. 가난한 사람은 받기 어려운 치료였다. 부자들은 정신분석 치료를 받았고 가난한 환자들은 대부분 수용소로 들어갔다.

20세기 중반 무렵 정신 질환자 치료를 위한 대안을 찾기 위해 많은 노력들이 이루어졌다. 말라리아 발열 요법, 수면 연장 치료법, 인슐린 혼수 요법,[*] 전기 충격요법Electroconvulsive Therapy(ECT), 뇌엽 절
제술^{**} 등이 이 시기에 등장한다.[3]

1933년부터 1945년까지 집권한 나치 정권은 우생학에 기초한
인종 정책을 시행한다.^{***} 이 과정에서 유대인뿐만 아니라 장애인, 만
성 질환자, 노인 등 노동력을 상실한 계층들에 대해 강제적 불임 수
술과 안락사를 통하여 가혹한 인권 유린과 살해를 자행한다. 1939
년 말부터 1945년까지 9만 명에서 14만 명으로 추정되는 정신장애
인들이 희생된 것으로 파악된다. 이러한 어두운 역사와 수치감 때
문에 나치 정권 이후에도 한동안 장애인 정책이나 정신보건 문제에
무관심하거나 애써 외면하려 했다.

2차 대전 이후 영국에서는 정신의학 전반과 작은 단위 지역사회
정신의학이 체계를 갖춰 등장했다. 여기서는 정신 질환이 환자의
유전자에 숨어 있는 것도 아니고 어린 시절의 경험에서 기인한 것
도 아니며 단지 주변 환경 때문에 생긴다고 주장한다.^{****}

---

* 1922년 폴란드의 맨프레드 자켈이 마약 중독 환자에게 인슐린을 주사했더니 잠이 들면서 안정되었다
는 사례 보고가 있었다. 이후 정신과 의사들은 인슐린을 조현병 치료제로 사용하기 시작하였으나 나중
에 치료 효과가 없다는 사실이 확인되어 중단된다.

** 1936년에는 뇌엽 절제술이 도입되어 한동안 성행하다가 50년대 이후 급격히 쇠퇴한다. 이 수술을 개
발한 에가스 모니즈라는 의사는 1949년 노벨생리·의학상을 받기도 했다.

*** 나치 이전인 20세기 초반 독일 정신 질환자 정책은 다른 유럽 국가들과 마찬가지로 환자들을 '시
설에 수용'하는 것이었다. 이에 대한 정책 지원에 힘입어 수용소들이 증가하는데 1911년 정신과 병원 16
개, 공공 수용소가 187개, 그리고 사립 수용소가 225개 문을 열고 있었다. (의료정책연구소,『한국과 독
일의 정신건강 정책 비교 연구보고서』2011~31, 2012. 4.)

**** 영국에서는 1950년대부터 이미 시설 수용 방식에 대한 문제 제기가 있었다. 1957년「정신병 및 정
신지체에 관한 왕립위원회의 보고서」는 장기 입원 환자의 대부분은 적절한 보건 및 대인 사회 서비스가
제공된다면 지역사회에서 생활하는 것이 가능하다고 판단하여 시설 보호에서 지역사회 보호로의 전환
을 주장하고 있다. 이러한 흐름 속에 정신보건법이 제정되었으며 이에 따라 많은 환자가 사회로 복귀하
면서 수용 시설은 축소된다. 이 중 많은 노인 환자들은 소규모 주거 시설로 배치되었으나 생활 조건이
이전보다 나빠지는 사례도 발생한다. 1960년대 초 보건성은 탈시설화와 지역사회 보호를 주장하는 '병

실제 중소형 정신병원에서 새로운 모델들을 제시하였다. 개방형 수용소라는 개념이 등장하는데 이는 환자가 자의로 입원하고 퇴원할 수 있는 형태의 수용소였다. 다른 형태는 가족형 돌봄 시설이다. 1948년에는 처음으로 '낮 병원Day Hospital'이 등장한다. 낮 병원은 수용소 관리를 대신할 수 있는 인간적이고 값싼 대안으로 떠올랐다. 낮 병원 운동의 의의는 정신 질환의 치료 장소를 수용소에서 지역사회로 옮기려는 최초의 시도였다.[4]

반정신의학의 태동

1960년대 反정신의학 운동이 대두된다. 반정신의학은 정신 질환의 존재 자체를 부정하며 정신병원이란 사악한 시설에 불과하다고 역설한다. 이들의 주장은 탈시설화 운동의 기폭제로 작용한다. 이 운동이 진행될 시기에 미국과 서유럽에서는 정신병원들이 대규모로 축소된다.

이러한 시대 배경 속에서 탈시설화 즉 정신과 환자들을 지역사회로 복귀시키게 만든 결정적 계기는 클로르프로마진이라는 약물이 항정신병 약물로 사용된 것이다.

난폭한 환자들을 약물로 안정시키고 정신병 증상을 치료할 수

원 계획'을 통하여 입원 중인 급성 정신장애인을 지역 종합병원의 보호 아래 두며 13년 간 정신 병상을 반으로 감소시키는 방침을 발표하기도 한다. (국가인권위원회, 「정신장애인 인권개선을 위한 각국의 사례연구와 선진모델 구축」, 『인권상황 실태 조사 연구용역 보고서』 2009.)

있게 되자 수용소에서 지내던 환자들이 사회로 복귀할 수 있다는 기대가 커지게 되었다.[5]

약물치료에 근거한 생물 정신의학은 1970년대 기존의 정신의학 패러다임을 밀어내고 정신의학의 주류를 형성하게 된다. 정신병이 뇌의 화학적 변화와 발달 이상에 근거한 실질적 질병이라는 관점에 근거하고 있는데, 19세기에 처음 등장하여 잠잠해졌다가 다시 등장한 것이다.

1990년대까지 약물치료는 정신 질환이 심한 경우에 주로 사용하였으나 1990년대 프로작이라는 우울증 치료제가 나오면서 정신 질환에서의 약물치료 요법은 가장 기본적이면서 중요한 치료 방식으로 자리 잡게 된다.

생물 정신의학이 정신의학의 주요 흐름을 만들어 나갔지만 68혁명 이후 고양된 사회 분위기 속에서 반정신의학 운동도 계속 유지되었다. 68운동이 의료에서 담론 차원 이상으로 직접 크게 영향력을 행사한 분야는 정신의학이었다.

반정신의학의 일부 극단적 흐름은 정신의학 자체를 부정하여 정신의학계 반발에 부딪히기도 했다. 그 동안 정신병원 체계를 구성하고 유지하는 데 핵심적인 역할을 맡아온 것은 바로 정신의학이었기 때문이다.

반정신의학은 이전의 정신의학이 신체의 질병을 모방하고 있는 것으로, 그에 근거하여 환자를 수용하고 격리하고 있다고 보면서 반대하였다. 이 운동의 기본 주장은 정신 질환이 원래 의료의 대상이 아니라 사회, 정치, 법적 대상이라는 것이다.

반정신의학 운동이 20세기 말에 활발해진 것은 1960년대 한꺼번에 출판된 일련의 책들 영향이 크다. 이들은 매우 강력한 파급력을 지니고 있었다. 가장 유명한 것은 1961년 출판된 미셀 푸코의 『광기의 역사』였다.

미국의 마르쿠제Herbert Marcuse, 베이트슨G. Bateson, 영국의 랭R. D. Laing, 프랑스의 가타리Félix Guattari, 이탈리아의 바살리아 등이 '대안적 정신의학 운동반정신의학 운동'을 대표하고 있다.

쿠퍼David Cooper는 반정신의학이라는 용어를 처음 사용하기 시작하였다. 정신병이란 어떤 실체나 사실이 아니며 정신 질환자도 가족 내 가치나 행동 기준에서 벗어난 존재일 뿐이라고 생각했다.

초기 반정신의학 운동에 기여한 영국의 랭은 무의식과 욕망을 사회적인 것으로 인식하였으며, 의사 환자의 일방적 권력 관계에서 벗어나 환자 자신의 자율적이고 집단적인 활동을 통해서 치료하려고 시도하였다. 나중에 랭은 가족에게 화살을 돌려 가족이 조현병의 원인이라고 얘기한다.

토마스 사츠는 1960년 출판된 『정신 질환의 신화』에서 근본적으로 정신 질환이라고 불리는 모든 것이 '과학적으로 무가치하며 사회적으로 해로운 것'이라고 주장한다. 그는 정신병이라는 질환 자체의 존재를 부정한다.

토머스 쉐프는 정신 질환자라고 불리는 사람들의 실제 문제는 '낙인찍힘'이라고 주장했다. 규범을 어기는 자를 일단 사회가 정신 질환자라고 낙인찍게 되면 그는 반사회인으로 규정되고 결국 사회 통제 기능에 의해 그는 '목표 대상'이 된다는 것이다.

유럽의 반정신의학 운동

반정신의학 실천을 위한 다양한 시도들도 진행된다. 1965년 런던의 킹슬리 홀에서는 20여 명이 모여 5년 동안 반정신의학적 실천 프로그램을 진행하기도 하였다. 반정신의학자와 조현병력 환자들이 광기의 세계를 집단으로 같이 탐구하려 했기에 그들은 환자, 정신과 의사, 간호사 사이의 모든 분업을 철폐하고자 했다. 그들의 과제는 정신병원의 광기가 아니라, 그들과 우리가 같이 가지고 있는 우리 내부에 있는 광기의 해방이었다.

전 세계를 뒤흔든 68혁명 이후 정신병원, 구금, 수용소 등의 이슈가 본격적으로 제기된다. 68혁명의 중심이었던 프랑스에서는 혁명의 영향을 받아 자치구역화와 약물요법의 일반화 조치들이 취해졌다. 혁명의 영향으로 새로운 문제의식을 지니고 등장한 그룹이 반정신의학파이다. 라캉주의 그룹에서 활동하던 사람들이 많았는데[*] 빌헬름 라이히와 마르쿠제의 영향이 있었다.

대안이었던 자치구역 운동은 병원 밖으로 정신 질환자들의 생활 영역이 넓어지는 것을 의미하였다. 낮 병원이 설립되고 약물치료가 일반화되고 가정 방문이 시행되었다. 구역Sector을 나누면서 사람들이 운동에 참여하고 구역은 공동체로 작용하였다.[**] 반정신의학 운

---

[*] 1953년 설립된 사설 클리닉 브로드 병원을 중심으로 라캉주의 그룹의 실험적 노력이 이어졌다.

[**] 이러한 전통에 따라 프랑스의 정신보건 서비스는 1960년대 이래 구역을 기본 단위로 조직되었는데 구역에는 평균 인구 54,000여 명이 거주하였다. 원래 취지는 거주지 관계없이 동등한 접근성을 보장하는 것인데, 현재도 여전히 구역에 따라 인력이나 자원에 따른 편차가 큰 편이다. 프랑스의 정신 병상 감소는 다른 유럽 선진국들에 비해 시기적으로 늦은 편이다. 가장 급격한 감소는 1990년대 들어서다.

동은 정신의학의 경계를 넘어 정치 운동으로 나아갔고 다양한 조직들이 구성되어 정신병원의 상황을 사회에 알리고 각자의 자리에서 저항을 조직해 나갔다.

독일의 경우 다른 유럽 국가들처럼 68혁명을 거치면서 장애인 문제가 사회적 이슈로 등장한다. 1970년대 사회적 개혁 분위기 속에서 지역사회 정신보건 의제가 정책의 주요 흐름으로 대두되었다. 1971년 하이델베르크에서 결성된 40여 명의 '사회주의 환자 집단 SPK'은 정신의학자들과 함께 정신의학적 감금 체계의 폭력성을 폭로하기도 하였다.

독일에서 1970년대 초 전문가 협의회가 구성되고, 여기서 1975년 전국적 설문 조사를 통해 '독일연방의 정신의학 상황에 관한 보고서*'를 제출하는데, 이 보고서는 이후 독일에서 정신건강 정책의 방향 설정에 중요한 가늠자 역할을 담당한다.[6] 이에 따라 정신건강 정책과 관련된 기본법이 1976년 3월 16일 처음 제정되었다.**

1975년 스페인에서는 정신의학자 활동가 집단에 의해서 성콤포

2000년에는 20세 이상 인구 1만 명당 9.4병상이고 병원 치료도 여전히 중요하게 여겼다. 이는 지역사회 서비스와 주거 시설의 부족 문제와 관련 있다.

* 이 보고서는 정신 치료를 위한 인프라가 부족한 점, 외래 서비스가 시설 서비스에 비해 모자라고 양자 간 연계도 부족한 점, 정신병원의 규모가 너무 크고 전문 인력도 모자라며 생활 환경과도 너무 떨어져 있다는 점. 아동, 청소년, 노인, 중독 환자 등을 위한 정신보건 서비스에서 문제가 심각한 점, 다양한 서비스 간의 조정, 계획이 이루어지지 않는 점 등을 지적하고 있다.

** 동서 독일이 통일된 이후는 동독의 정신보건 체계가 서독 방식으로 재편되었다. 서독의 체계가 동독에 비교하여 통합성이 약하고 분산되어 있어 효율성이 떨어졌으나 서독 중심의 사회 통합 흐름 때문에 서독 방식으로 진행될 수밖에 없었다. 통일 이후에도 정신장애인의 탈시설화는 꾸준히 진행되고 있다. 통일 당시 동서독 합쳐 정신과 병상 수가 80,275개였으나 2003년에는 54,088개로 감소한다. 이 가운데 장기 입원 병상 비율도 1990년 17%에서 2000년 2.5%로 감소한다. (국가인권위원회, 「정신장애인 인권개선을 위한 각국의 사례연구와 선진모델 구축」 2009.)

스텔 콘소 정신병원의 민주화가 시도된 적이 있었다. 이 병원에서는 1973년 관료들에 의해 병원 현대화, 환자 수 감축, 인원 충원 등의 개혁이 이루어졌으나 이 과정에서 관료들의 독주가 계속되었다. 그러자 1975년 병원 출입구의 개방, 환자들에게 자유 허용, 주민과의 접촉 허용 등을 요구하며 환자들에 의한 병원 내 변혁 운동이 일어난다.

이 과정에서 정부는 폭력적으로 개입하여 환자 모임을 금지하고 환자들을 다시 감금하기 시작했으며 이에 동조한 의사들도 해고하였다. 나중에 프랑코 정부에 반대하는 운동으로 번지자 정부는 폭력으로 진압하였다.[7]

스페인에서는 1986년 '보편적 공공의료법General Public Health Law'이 통과되었는데 이에 따라 '국가보건시스템Sistema Nacional de Salud, SNS'이 설립된다. 이는 무상 의료 서비스를 기본으로 하는데 세금에 의한 공공 자금으로 운영된다. 여기에는 정신보건에 관한 내용도 포함된다. 정신과 외래 진료를 위해 정신보건 센터가 설립되었고 종합병원에는 입원 병동이 개설되고 중증 질환자를 위해 치료와 재활을 위한 지역사회 공동체가 만들어졌다.

정신의학 개혁을 거치면서 많은 변화가 일어난다. 자발적인 공동체들이 생겨나고 일부 지역에서는 정신병원의 병상 수가 급격히 감소하여, 주민 10만 명당 100병상 정도에서 25병상까지로 줄었다. 환자의 25% 정도가 가정으로 돌아가고 50% 정도는 거주용 시설에 들어갔다. 평균 87,000명 정도의 주민을 담당하는 정신건강 센터가 500개 정도 새로 설립되었다. 종합병원에 95개의 입원 병동이 설치되고 108개의 낮 병동도 새로 설치되었다.

다양한 지역에서 정신 질환자에게 일자리를 제공하는 사회적 기업과 같은 재활 프로그램이 개발되었다. 정신의학과 의사나 심리학자를 위한 임상 교육 프로그램도 개설되었고 이에 따라 전문가의 수도 많이 증가하였다.[8]

1960~70년대 운동과는 역사적 맥락이 다르기는 하지만 새겨볼 만한 사례가 있다. 벨기에의 수도 브뤼셀로부터 차로 한 시간 반 정도 떨어진 질Geel이라는 소도시가 하나 있다. 주민이 3만 2천 명 정도의 작은 마을인데 이전부터도 세계 정신의학계의 관심이 집중된 도시이다. 그곳에는 120병상의 전문 정신병원이 있는데 그 병원을 중심으로 퇴원하는 환자가 병원의 지원을 받으며 지역 내 가정에 위탁되어 보호받는다고 한다. 그들은 연고도 없는 일반 가정에 1박 2식을 같이하며 생활하고 낮에는 병원에 나와 주간 재활 프로그램에 참여한다.

지역을 담당하는 전문 요원들이 있지만 큰 사건은 발생하지 않는다고 한다. 이러한 위탁제도가 시작된 것은 12~13세기로, 전통이 오래 이어지고 있다. 1879년에는 정신 질환을 앓던 화가 반 고흐가 이 마을에서 체류하기도 하였다.

환자가 가장 많았던 1938년에는 인구 1만 6천여 명 중 환자가 3,736명에 이르렀고, 1975년 1월경에는 환자가 3천여 명이었다고 한다. 이들은 평균 15년에서 20년을 마을에서 거주하였기에 평생의 안식처이기도 했다.[9] 이후 점차 감소하여 현재는 300여 명의 환자

가 마을에서 생활하고 있다.[10][11]

질 마을의 정신 질환자 케어 역사는 7세기 성 딤프너Saint Dympna의 전설로부터 시작되어 현재까지 이어진다. 정신 질환자들을 가정에 위탁하여 공동 생활하는 전통은 세계적으로도 독특한 사례이다. 질 모델은 여러 세기 전부터 지역사회 기반으로 시행된 케어 시스템으로 정신 질환자 케어의 표준 모델로 평가받고 있다.

이 질 모델을 연구하기 위해 전 세계에서 많은 사람이 이 소도시를 방문한다. 벨기에에서는 이처럼 정신 질환자뿐만 아니라 버려진 아이들, 고아, 신체장애인, 노숙인 등 마땅히 거주할 곳이 없는 사람들을 가정에 위탁하여 생활하는 전통이 뿌리를 내렸다.

지금도 이 모델은 벨기에 복지 체계에서 중요한 역할을 담당하고 있다. 질 마을에서 이어져 온 정신 질환자 가정 위탁 전통은 벨기에의 다른 지역으로도 퍼졌다.

미국의 반정신의학 운동

미국에서도 반정신의학 운동의 흐름은 이어진다. 미국에서는 나중에 영화로 크게 유명해진 소설 한 편이 막대한 영향을 미친다. 이 소설 작가인 켄 케시는 재향 군인 병원에서 정부 주관의 실험에 자원했다가 실험 후 잡역부로 취직해 계속 그 병원에 머물렀고, 이 경험을 바탕으로 1962년 『뻐꾸기 둥지 위로 날아간 새』라는 책을 발간한다.

영화 「뻐꾸기 둥지 위로 날아간 새」 포스터

이 작품은 1975년 밀로스 포먼 감독이 영화로 제작하여 크게 히트치고 그 해 아카데미 5개 부문을 수상한다. '뻐꾸기 둥지'는 정신병원을 지칭하는 속어이다. 이 영화는 정신 질환자들에 대한 사회 인식 전환에 영향을 미쳐 탈시설화에 크게 기여한다.

이 영화의 주인공 맥 머피는 사람들과 다른 생각을 가졌다는 이유로 정신병원에 수용된다. 병원은 환자들을 길들였고 수용자들은 아무 불만이 없는 듯 보였다. 병원의 렛체드 수간호사는 억압과 질서의 상징으로 병원 체제를 유지하는 데서 핵심 임무를 수행하고 있었다. 누구도 렛체드의 권위에 의문을 제기하거나 도전하지 않았다. 그렇게 길들여 있었다.

맥 머피는 자유를 갈망하며 렛체드 체제에 끝없이 저항한다. 환자들을 데리고 병원을 빠져나가 낚시를 다녀오거나 파티를 벌이곤 하였으며 병원 탈출을 모의하기도 한다. 병원은 그를 가만히 놔두지 않는다. 체제에 저항하는 맥 머피는 여러 차례의 전기 충격 요법과 전두엽 절개 수술을 받게 된다. 같이 탈출을 모의하던 인디언 추장은 무기력해진 맥 머피를 죽인 후 정신병원 창문을 깨고 유유히 병원을 떠난다.

미국의 탈시설화는 1955년부터 시작되는데 1960년대 이후에 장애인과 정신장애인에 대한 탈시설화 경향은 더욱 빨라진다. 1954년 정신 치료제인 소라진Thorazine이 FDA의 허가를 받게 되자 주 정부들은 비용이 많이 드는 정신병원보다 약물 치료를 하면서 지역사회에서 관리하는 것을 선호하게 된다.

당시 정신병원 입원 환자들에 대한 인권 문제도 제기되었다. 정신병원 실태에 관한 보고들이 미디어에 등장하는 일도 많아졌다. 그리고 케네디 대통령은 여동생이 정신병원에 격리되어 있었기에 이런 문제에 관심이 많았다.

이러한 배경에서 1963년 지역정신건강법이 제정된다. 이 법에 따르면 20,000명에서 75,000명 인구마다 한 곳씩 지역 정신보건 센터를 건립하고, 그 센터마다 위급 상황의 환자가 잠시 입원 치료를 받을 수 있는 급성기 입원 치료Inpatient Acute Care, 외래 정신과 치료, 낮 병동, 정신 상담과 교육 등의 서비스를 제공하도록 의무화하기에 이른다.

이 법이 제정된 후 10년이 지나고 나서야 노인과 아동 정신보건 서비스, 퇴원한 환자의 정기적 치료, 술과 마약 중독자 치료의 연방 정부 지원에 관한 법이 의회에서 통과된다.[12]

1965년에는 저소득층과 장애인을 대상으로 한 메디케이드가 시작되면서 지역 정신보건 센터에 대한 연방정부의 지원이 확대되어 주 정부의 부담을 줄일 수 있게 되었다.*

카터 정부 때는 지역사회 정신보건 센터를 설립하여 단기 입원 치료, 응급 치료, 외래 치료, 부분 입원을 제공하고 퇴원 환자의 추후 관리, 아동과 노인 치료, 입원 전 평가, 자문과 교육, 주거 시설 등의 서비스를 제공하도록 하였다.

1977년에 650개의 지역 정신보건 센터가 건립되어 190만 명, 43%의 정신 질환자를 담당하였다. 1970년대에는 정부 지출의 축소 수단으로 탈시설화가 이루어지면서 정부의 재정 지원이 삭감되었고 결과적으로 지역사회 보호를 위한 시설과 인력이 충분히 확충되지 못한다.[13] 1980년대 레이건 정부 등장 후 지역사회 보호 서비스를 확대하려던 이전 정부의 노력이 재정 적자를 이유로 실행되지 못하면서, 가속화되던 탈시설화에 따른 대책이 충분히 이루어지지 못한다.**

---

* 주립 정신병원에 입원해 있으면 주 정부의 부담이지만 지역사회 정신보건 센터나 프로그램의 비용은 연방정부가 부담하였으므로, 주 정부 입장에서는 탈시설화가 재정적으로 유리하였다.

** 주립 정신병원에서 많은 환자가 지역사회로 쏟아져 나오면서 노인 요양원으로 입소하거나 길거리에서 노숙인으로 전락하기도 하였다. 종합병원 응급실, 교도소 등에서 환자들이 몰리고 있었다. 장기간 정신병원에 격리되었다가 퇴원한 환자들은 부모나 형제의 집으로 돌아가기보다 정부의 지원으로 그룹 홈이나 요양원을 이용할 수밖에 없었다. 시설에 적응하지 못한 환자들은 노숙인으로 전락하며 마약이나 술에 노출되기 쉬워지고 여러 이유로 교도소에 가는 일도 증가하였다. 탈시설화에 따라 정신병원에서 벗어나 지역사회에서 살아가야 하는 정신장애인들을 위한 지역사회 준비가 부족했던 미국의 경우, 한동안 혼란을 감내해야 했다.

미국에서는 당사자이자 소비자인 정신 질환자 운동이 활발하게 전개되었다. 미국에서 정신장애인의 소비자 운동은 정신병원에 입원한 적이 있던 환자에 의해 1970년대 시작된다. 1970년 오레곤주 '정신이상자해방전선', 뉴욕의 '정신과환자해방프로젝트'를 시작으로 다양한 조직들이 결성된다. 이들의 주요 목적은 사회적 편견에 맞서 자신들의 권익을 옹호하는 활동을 전개하는 것이었다. 이를 위해 뉴스레터를 발간하고 캠페인을 벌이고 학술 대회를 개최하고 자조 모임을 조직해 나가고 입원 환자 처우 개선을 요구하고 법률 개정을 위한 로비를 벌이고 자신들의 경험을 수기로 펴내기도 하였다.

급진적인 그룹들은 반정신의학적 입장에서 모든 형태의 정신의학적 처치를 거부하고 자신을 이전 환자Ex-patients 또는 이전 수용자Ex-inmates라고 불렀다. 온건한 그룹들은 자신을 생존자 또는 소비자라고 불렀다.

이러한 소비자 운동, 당사자 운동은 68혁명 이후 고조된 사회적 개혁 분위기의 영향을 많이 받게 된다. 당시 여성운동, 성 소수자 운동, 시민권리 운동 등이 활발하게 전개되기 시작하던 시기와 일치한다. 그리고 50년대부터 시작된 알코올 중독 환자 자조 모임의 영향, 탈의료화의 영향도 작용하였다.[14]

이후에 전국정신장애인연대, 전국정신보건소비자협회 등 소비자 조직도 결성된다. 전국정신장애인연대 같은 단체는 미디어에서 정신 질환이나 정신 질환자에 대한 부정확하거나 비하적인 내용이 나오면 회원과 활동가들을 중심으로 공식적 항의 운동을 전개함으로

써 시정해 내기도 하였다.[(15)]

이런 조직들은 사회적 편견에 맞서 정신보건 정책과 서비스, 연구 등에 많은 영향을 미친다. 이러한 소비자 운동을 통해 정신장애인들이 실제 정신보건 체계 내에서 일하는 사례도 증가한다. 소비자들은 임상 연구의 참여자나 설문 대상자로서 또는 전문 연구자와 함께 연구 프로젝트의 기획 및 운영을 하거나 독립된 연구 책임자로서 다양한 방식으로 연구에 참여한다.

1970년대 후반부터는 정신장애인의 가족 운동도 시작된다. 정신장애인의 탈시설화로 인해 결과적으로 환자를 돌봐야 하는 가족들의 부담이 증가하였다. 이러한 부담에 대응하고 정신장애인에 대한 대중들의 부정적 인식을 개선하기 위해서 다양한 활동을 펼친다. 이러한 노력에 기초하여 정신보건 정책과 법령을 만드는 데 가족이 참여하도록 하는 내용이 법으로 보장되었다.[(16)]

이처럼 1960년대 등장하여 68혁명 이후 사회운동으로 확대된 반정신의학 운동은 유럽과 미국 중심으로 정신병원의 축소와 정신장애인의 지역사회 복귀에 지대하게 공헌한다. 사회운동의 압력에 따라 정신병원 환자들의 사회복귀 시도들이 본격 이루어진 것이다.

일본의 정신보건 현실

여기서 일본의 정신보건 상황을 얘기하고 넘어가야 할 것 같다. 일본의 경우는 미국이나 유럽 선진국의 상황과는 사뭇 다르다. 지리적으로 떨어져 있어 직접적인 영향을 적게 받기도 했으나 전통적인 정신장애인 정책이나 사회 문화 배경이 다르게 작용한 것으로 보인다.

최근에 지역사회 정신보건 사업이 시행되고 있지만 다른 선진국들을 따라갈 수준에는 미치지 못하고 있다. 우리나라 상황이 일본과 유사하고 정신보건 정책도 일본을 모방한 경우가 많아 그 역사 맥락을 되돌아볼 필요가 있다.

1950년대 이전 일본에서는 정신과 병동이 부족하여 의료 시설이 아닌 신사나 사찰 또는 가족이 정신장애인을 보호하는 역할을 맡았다. 특히 정신 질환자를 집에 감금하는 '사택감치'는 일본에 독특한 방식이었다.* 가족이 돌보기 어려운 경우는 수용소 같은 시설로 보내지기도 하였다. 이런 곳들은 치료가 이루어지는 곳이 아니라 단지 수용 또는 감금 기능을 수행할 뿐이었다. 치료 기능이 있는 정신 병동이 부족하여 '사택감치'가 시행되었다는데, 기본적으로 정신장애인은 수용되어야 한다는 인식이 팽배했던 것 같다.[17]

메이지 유신 이후에 정신병원들이 일부 설립되기도 하였으나 1919년 정신병원법이 제정되면서 본격화된다. 이 법의 첫 번째 목적은 전국에 공공 정신병원을 설치하는 것이었다. 그리고 이들 병

---

* '사택감치'는 1900년의 '정신병자감호법'에서 규정하였는데 1950년대까지 유지되었다. 전에도 정신장애인을 감옥에 감금하거나 자택에서 우리를 만들어서 가두는 규칙이 있었는데 이게 '정신병자감호법'으로 명문화된 것으로 보인다. 1950년 정신위생법이 제정되면서 정신병자감호법(1900년)과 정신병원법(1919년)은 폐지되었다. 사택감치는 1년 유예 후 폐지되었다. 전국의 정신과 의사들은 사택감치 환자를 방문해 정신 감정을 하고 이들을 감치실에서 해방, 정신병원에 입원시키는 등의 작업으로 분주했다고 한다. (정신의료 이동 박물관 전시 프로젝트, 「사택감치와 일본의 정신의료사」 2014.)

집에 감치된 환자(1910년, 군마현) [18]

원에는 가족이 환자를 돌볼 수 없는 경우, 죄를 범한 환자, 특별히 위험하다고 판단되는 환자 등이 수용되었다. 환자들을 수용하기 위해 매년 3~4개소씩 10년에서 15년에 걸쳐 전국에 공공 정신병원을 설립할 계획이었으나 재정상의 이유로 이 법률이 폐지되는 1950년까지 병원이 만들어진 곳은 8개소에 불과했다. 공공 정신병원이 빠르게 늘지는 않았으나 대도시 중심으로 사립 정신병원들이 늘어 이들 시설에 수용되는 환자 수는 증가하는 추세였다. [19]

1940년에는 우생학의 관점에 입각한 '국민우생법'이 제정되었는데 이에 따라 정신장애인에 대해 강제 불임 시술을 시행하기도 하고 전쟁 중에는 식량 배급 통제를 통해 일반인보다 더 많은 인원이 희생당하기도 하였다.

전쟁 후에는 정신병원의 병상 수를 늘리는 정책이 추진되었고 1964년 주일 미국대사인 라이샤워가 19세 조현병 소년에게 피습되는 사건이 발생한 이후에는 정신장애인을 예비 범죄자 정도로 여겨 정신병원에 수용하는 방향으로 나간다.

이에 따라 일본의 정신병원 병상 수는 1955년 4만 4천에서 1987년 34만 5천 이상으로까지 확대된다. 이러한 추세는 1990년대 초반까지도 계속된다. 이처럼 정신병원이 확대된 것은 정신장애인이 130만여 명에 이른다는 1954년 실태 조사에 근거하여 병상 공급 확대 정책이 수립되어 다양한 혜택이 제공되었기 때문이다. 특히 사립 정신병원이 급속도로 증가하였다.[20]

일본의 경우 절대적으로 정신 병상이 많을 뿐만 아니라 30만 명이 넘는 입원 환자 중에서 3분의 2가 1년 이상 장기 입원 환자이다. 이러한 추세는 1960년대 이후 정신병원의 병상을 축소해 나가는 유럽이나 미국과는 사뭇 다른 양상을 보인다.

1984년 우츠노미야 사건*의 영향으로 1987년 정신보건법이 제정되는데 이 법에 따라 처음으로 정신장애인의 인권을 강조하고 정신장애인의 탈시설화와 지역사회 복귀에 초점을 맞춘 정책들이 입

---

* 1984년 우츠노미야 병원에 입원해 있던 정신장애인 환자 두 명이 병원 직원의 폭행으로 사망하였다. 이 사건이 알려지면서 정신장애인 인권 문제가 제기되고 정신보건 정책에 대해 검토하는 계기가 된다. 이 사건은 국제적으로도 문제가 되어 유엔 인권소위원회에서도 다뤄지고 국제 조사단이 일본을 방문하여 실태조사를 벌인다. 그 결과 정신위생법의 개정과 지역사회 정신 의료와 사회 복귀 촉진 제도 등을 고려할 것으로 일본 정부에 권고하기에 이른다.

안된다. 1995년에는 한 단계 더 나아가 정신장애인의 복지를 강조한 '정신보건복지법정신보건 및 정신장애인 복지에 관한 법률'이 제정되며 이후로도 점진적으로 정신장애인의 사회복귀와 생활 자립을 지원하는 정책들이 꾸준하게 추진된다.* [21]

일본의 경우 서구 선진국과 달리 인구밀도가 높고 정신 질환 등 다양성에 대한 사회 내 수용도가 낮다. 따라서 입원 환자들의 적극적인 탈시설화를 통한 지역사회 정신보건 체계로의 전환이 더딘 편이다. 그리고 정신병원의 90% 이상이 사립 병원이어서 인위적인 폐쇄나 축소는 거의 불가능한 것으로 보인다. 병상 수를 줄이기 어려운 상황에서 정신 의료 서비스 수가 구조를 통해 입원 환자 수와 입원 기간 감소를 유도하고 있다. 현재도 인구당 정신 병상 수는 우리나라보다도 높은 편이다.[22]

일본의 정신장애인 현실은 여러 선진국들과 다르고 우리나라와 가장 비슷하다. 일제 강점기를 거치면서 일본의 제도를 답습하고 이후로도 정신 질환 관련 일본 법 제도를 모방하였기 때문에 더욱 그런 것으로 보인다. 그 동안 정신병원 같은 수용 시설 중심의 정책을 추진해 왔다는 점도 마찬가지이다. 그러나 일본의 경우 부랑인 수용 시설, 복지원 등과 같은 비의료기관 시설에 수용된 경우는 아주 적고 대부분 정신병원에 입원하고 있다.

---

* 현재 일본 정신보건 서비스가 추구하는 원칙은 2004년 '개혁의 그랜드 디자인 안'에서 밝힌 바와 같이 '장애인보건복지의 종합화', '자립지원형 시스템으로의 전환', '제도의 지속 가능성 확보' 등이다. 구체적으로는 다른 선진국과 같이 탈시설화를 추구하며 정신장애인들의 사회 복귀를 지원하면서 이러한 제도가 지속될 수 있게 하는 것이다. 이런 토대 위에서 2005년에는 정신보건복지법 개정과 장애인자립지원법을 제정하는 등 '정신보건의료복지의 개혁 비전' 방안을 추진하게 된다.

·후주· ··

(1) 동아사이언스, 「정신병은 어떻게 치료할까」 2007.3.20

(2) 에드워드 쇼터, 『정신의학의 역사』, 최보문 옮김, 바다출판사, 2009

(3) 동아사이언스, 위와 같은 2007 글

(4) 에드워드 쇼터, 위와 같은 2009 책

(5) 에드워드 쇼터, 위와 같은 2009 책

(6) 국가인권위원회. 「정신장애인 인권개선을 위한 각국의 사례연구와 선진모델 구축」. 『인권상황 실태조사 연구용역 보고서』 2009

(7) 블로그, 신승철의 욕망생태연구소 (https://blog.naver.com/redshand)

(8) WHO, *Mental health policy, plans and programme*, 2005

(9) 『중앙일보』, 「정신장애인에 대한 편견과 대처방안(2)」 2001.4.9

(10) 보건복지부. 「국립정신병원. 정신장애에 대한 10가지 편견」. www.snmh.go.kr

(11) Jackie Goldstein. "The Geel Project: Historical perspectives on community mental health care." 106th American Psychological Association Annual Convention, Augut 17, 1998

(12) 한국장애인개발원, 『정신장애인 지역사회통합 지원방안 연구』 2014

(13) 국가인권위원회, 위 2009 보고서

(14) http://cafe.daum.net/saraskey

(15) 국가인권위원회, 「정신장애인 차별 편견 해소를 위한 실태조사」, 『장애인 인권증진 실태조사 연구용역 보고서』 2012

(16) 국가인권위원회, 위 2009 보고서

(17) 정신의료 이동 박물관 전시 프로젝트, 「사택감치와 일본의 정신의료사」 2014

(18) 정신의료 이동 박물관 전시 프로젝트, 2014

(19) 정신의료 이동 박물관 전시 프로젝트, 2014

(20) 국가인권위원회, 위 2009 보고서

(21) 국가인권위원회, 위 2009 보고서

(22) 서동우, 「정신보건의 역사적 변화선상에서 본 우리나라 정신보건의 문제와 개선안」, 『보건복지포럼』 2007.1

La libertà
è terapeutica

4장

바살리아 법의
시행

바살리아 법은 1978년 5월 13일에 공표된 세계 최초의 정신병원 폐쇄 법이다. 이 법의 제정은 세계 정신보건 역사에서 가장 중요한 대목 중 하나다. 이탈리아는 이 법의 시행으로 정신보건 분야에서 가장 혁신적인 비전을 제시하는 나라가 되었다.

앞서 설명했듯이 1961년부터 1978년 사이 고리찌아, 아레쪼, 트리에스테, 페루기아, 페라라 등 여러 도시에서 오랜 기간에 걸쳐 탈시설화 실험이 진행된 이후 바살리아 법이 제정되었다. 이제 그 동안의 탈시설화 운동을 통해 과거 정신병원 중심 치료를 대안적인 지역사회 케어로 바꿀 수 있음을 확인할 수 있다.

이는 기존 정신병원에 대해 보충적인Complementary 시스템이 아니라 완전히 다른 대체Alternative 시스템이었다. 병원을 벗어나 새로운 시스템과 서비스가 도입되었다. 여기에는 의료진이 없는 아파

트, 감독자가 있는 호스텔, 그룹 홈, 데이 센터, 환자들이 관리하는 협동조합 등이 포함되었다.[1]

바살리아 법은 도대체 어떤 내용을 담고 있는가. 주요 내용은 다음과 같다.

- 정신병원에 계속 입원해 있는 환자 이외 새 입원은 안 된다. 입원한 적 있던 환자도 1981년 12월까지만 재입원이 가능하고 그 이후로는 다시 정신병원에 입원할 수 없다.
- 인구 20만 명당 15병상을 종합병원 내에 설치한다. 자의 입원 또는 비자의 입원 모두 가능한데 이 입원 병상은 특정 지역을 담당하는 지역사회 기반의 서비스와 연계시킨다. 서비스 중심은 지역사회에 맞추고, 종합병원은 이를 지원하는 역할을 맡는다.
- 중증 환자가 치료를 거부하는 경우 비자의 입원이 가능한데 최소 의사 두 명의 권유가 있어야 하고 시장이 지역 보건 책임자로서 승인하여야 한다. 그 이틀 후 판사가 이를 검토해야 하며 입원 기간도 7일에 한정한다.
- 정신병원 폐쇄 후 직원들이 남지 않도록 지역사회와 종합병원에 재배치한다.
- 이후 정신병원을 새로 짓지 않으며 남아 있는 정신병원도 종합병원의 정신과 병상으로 사용하지 못한다.

법안은 일반적인 원칙과 가이드라인만 제시하고 있지 세부적인 지침을 제시하지는 않는다. 새로운 서비스 체계를 구축할 예산 배

정도 없었다. 각 지역 상황에 맞게 적절한 표준과 방법을 찾도록 하고 있어 법의 일관된 시행이 어려웠고 이로 인해 신뢰성이 떨어지면서 '이탈리아의 미친 법Italy's mad law'이라고 조롱하는 사람도 생겨났다.[2] 이제 법 정신을 실현할 후속 조치들이 중요해졌다. 만약 법이 제정되었지만 제대로 실현되지 않으면 과거로 다시 돌아갈 수도 있는 상황이었다.

이 법에 따라 실직적인 조치들이 취해졌다.[3] 무엇보다, 환자 지원의 중심이 정신병원으로부터 지역사회 정신보건 센터로 옮겨진다. 이 센터들은 지역사회 안에서 서비스 제공이 가능하도록 구축되었다. 기존 병원에 새로운 환자를 입원시키는 것이나 새로운 정신병원의 설립도 금지되었다. 정신과 병상은 일반 병원 안에 설치되었고 병원당 14~16병상을 넘지 못하도록 하였다. 강제 입원은 지역사회 지원이 충분하지 못하고 동시에 환자가 병원 밖 치료를 받아들이지 못할 때만 제한적으로 이루어졌다.

정신병원에서 근무하던 의사, 간호사들은 종합병원이나 지역사회 정신보건 센터로 자리를 옮겼다. 정신병원의 진료는 더 어려워졌으며 인력 부족으로 정신병원 해체는 빨라졌다. 변화의 속도는 정치적, 문화적, 사회경제적 환경의 차이로 지역에 따라 달랐다.

이제 '위험하다는 것'이 더는 구금의 기준이 되지 않았다. 구금은 치료상 응급 상황에 제한되었으며 비자의 입원도 정신병원이 아닌 종합병원의 치료 병상으로 제한되었다. 장기 입원도 제한되었으며 공식적으로 정신병원은 폐쇄되었다. 바살리아 법 이전에 비하면 놀라운 변화였다.

이탈리아의 지역사회 정신의학은 몇 가지 의미가 있다. 첫 번째는 탈기관 정책이 2단계로 진행되었다는 점이다. 처음 정신의학 진료를 받는 경우는 기존의 정신병원에 입원할 수 없도록 했고 기존 환자도 1982년 1월부터는 공공병원 입원이 불가능해졌다. 미국에서도 지역사회 정신의학이 시행되면서 급격한 탈시설 정책이 시행되었으나 이탈리아와 다른 방식으로 진행되었다. 또 다른 나라 경우 지역사회 정신의학이 시행되었으나 정신병원 제도 자체는 유지되면서 보완적 기능만을 담당하기도 하였다. 두 번째는 지역사회 정신의학이 기존 정신병원 중심의 정신의학을 보완하는 성격이 아니라 완전히 대체했다는 점에서 의의를 갖는다.[4]

바살리아 법은 1978년 제정 이후 수많은 논쟁을 불러일으켰다. 사회 정치적 의미에 대해 논쟁했고 성과에 대해 평가하는 반면 문제점에 대해 많은 비판도 따랐다. 그러나 바살리아 법으로 인해 정신 질환자들의 운명이 개선되었다는 점에 대해서는 의심할 여지가 없었다.[5] 이런 변화를 목격한 다른 나라들은 이탈리아 모델을 따르기 시작했다.[6]

그만큼 프랑코 바살리아도 이탈리아에서 논쟁 대상이 되었다. 정신의학의 혁신에서 가장 중요한 역할을 한 사람으로 추앙받기도 하지만 너무 이데올로기적이라든가 정신병원의 대안에 대해서는 준비가 부족했다는 등의 이유로 비난을 받기도 했다.

바살리아 법은 정신 질환자들이 격리되는 것이 아니라 치료를 받아야 한다는 사실을 일깨워 주었다. 정신 질환자들에게도 인권이 보장되어야 하고 지역사회에서의 삶이 보장되어야 하며 정신병원들은 이제 격리 공간이 되어서는 안 된다는 사실을 말해 준다.[7] 이 법의 목적은 정신 질환자들을 치료하고 재활을 도우며 정신 질환을 예방하고 포괄적인 치료를 증진시킬 지역사회 서비스 체계를 병원 밖에 구축하는 일이었다.[8] 이 법은 정신과 치료 서비스의 제공 영역에서 큰 변화를 일으켰다. 이전에는 정신병원 수용이 환자로부터 사회를 지키기 위한 것이었으나 이제는 지역사회에 기반을 둔 돌봄을 통해 환자의 요구와 만나는 것으로 변화되었다. 과거 방식의 정신병원은 이제 이탈리아에 남아 있지 않다.

이탈리아에서 정신의학 개혁은 법률 180호가 통과되면서 끝난 게 아니었다. 정신병원을 폐쇄한다고 정신 질환자의 문제가 바로 해결되는 것은 아니다. 정신병원 폐쇄는 문제 해결의 시작일 뿐이었다. '미친 법'이라는 비난을 받으며 온갖 방해를 넘어서야만 했다. 만약 이 법이 제대로 정착되지 못하면 다시 과거로 돌아갈 수도 있었고 새로운 방식의 수용 시설이 등장할 수도 있었다.

바살리아 법 시행 이후 곳곳에 있던 정신 질환자 수용소들은 각자 상황에 따라 변화하게 된다. 그 과정에 많은 위험이 도사리고 있었다. 어떤 환자들은 살해당하기도 하고 자살하기도 하였다. 가족이 심각한 문제를 안고 있는 환자를 도맡기도 하였다. 외부 세계도 환자들에게는 쉽지 않았다.

이 법안이 시행되고 나서 새로운 환자들이 정신병원에 입원 못 하고 대신 종합병원의 정신과 병동에 입원하면서 병실이 부족해지는 현상이 발생하게 된다. 이 때문에 민간 병원의 병실이 증가하기도 했다. 민간 병원의 경우 환자 본인이 어느 정도 비용 부담을 지기 때문에 경제적으로 어려운 환자들은 이용이 어려웠다. 이런 이유로, 좌파들이 이루어낸 성과 때문에 부자와 빈자의 구분이 더 명확해지게 되었다는 비난을 받기도 하였다.

정신병원 해체 이후 많은 환자가 지역사회로 나와 주민들과 같이 생활해야 했다. 퇴원한 일부 환자들은 가족이 있는 집으로 돌아가기도 하였으나 가족들이 환자 귀환을 원하지 않기도 하고 환자들을 맞을 준비가 안 된 경우도 많았다. 가정으로 돌아가지 못하는 환자들의 거주지 마련이 시급한 문제로 대두되었다. 장기 요양 시설로 들어가거나 노숙 생활을 하는 환자도 생겨났다. 자살하는 환자도 있었고 범죄를 저질러 교도소에 갇히는 경우도 발생했다. 다시 알코올 중독에 빠져드는 환자도 발생했다.

사회로 나온 환자들을 위한 고용 대책도 마련되어야 했다. 물론 생계도 꾸려 나가야만 했다. 이들을 흡수하여 일할 수 있도록 많은 협동조합이 설립되기도 한다.

이전의 정신병원들은 해체되고 그 공간은 다양하게 활용되었다. 빈 채로 방치되기도 하고 '박물관'으로 남기도 한다. 어떤 곳은 학교로도 변신하였고 주거 시설 또는 공원으로 사용되기도 한다. 많은 곳이 여전히 의료와 정신보건 서비스와 관련된 공간으로 활용되는 중이다. 트리에스테 산지오바니 정신병원 자리에는 소규모 주거 시설이 설치되어 현재는 이곳에서 50명 미만의 사람들이 생활한다.

바살리아 법 시행으로 푸코가 말한 '대감금Great confinement'은 사라지고 대신 '대해방Great liberation'의 시기를 맞았다.

· 후주 ·

(1) Michele Tansella, "Community psychiatry without mental hospitals-the Italian experience: a review". *Journal of the Royal Society of Medicine 79 (11)*: 664~669, PMC 1290535, PMID 3795212, November 1986

(2) Michele Tansella, 위와 같은 1986 글

(3) Sapouna, Lydia; Herrmann, Peter, "Knowledge in Mental Health: Reclaiming the Social", *Hauppauge*: Nova Publishers, 69~73, ISBN 1-59454-812-9, 2006

(4) Michele Tansella, 위와 같은 1986 글

(5) Fornari U., Ferracuti S., "Special judicial psychiatric hospitals in Italy and the shortcomings of the mental health law", *Journal of Forensic Psychiatry & Psychology 6 (2)*: 381~392, 1995

(6) Fioritti A., Lo Russo L., Melega V. "Reform said or done? The case of Emilia-Romagna within the Italian psychiatric context", *American Journal of Psychiatry 154 (1)*: 94~98, 1997

(7) Norcio B., "Care for mentally ill in Italy", *BMJ 306 (6892)*: 1615~1616, 1993

(8) Junaid O., "Italian mental health law (Correspondence)", *Psychiatric Bulletin. 18 (2):* 112, 1994

2부

바살리아 법
이후의
개혁 과정

5장

La libertà
è terapeutica

트리에스테의
정신보건 개혁

산지오바니 정신병원 드디어 문 닫다

전국적인 정신보건 개혁 작업을 위해 바살리아가 로마로 떠난 다음, 바살리아와 함께 트리에스테 정신보건 개혁을 이끌던 프랑코 로텔리가 산지오바니 병원의 원장으로 취임하여 개혁을 이어 나갔다. 그의 개혁은 병원 폐쇄가 목표였고 마침내 임무를 마칠 수 있었다. 그는 취임 다음 해인 1980년 산지오바니 정신병원의 폐쇄를 선언한다.

이는 전국에 퍼져 있던 정신병원 폐쇄의 신호탄이었다. 1973년에 파란 목마 마르코 까발로가 트리에스테의 거리를 처음 행진한 후 7년 만의 일이었다.

과거로 돌아가지 않기 위해서는 정신병원이 없어도 세상에 아무 문제가 없고 정신장애인들도 지역사회에서 잘 살아갈 수 있음을 보여주어야 했다. 정신병원 폐쇄 운동을 전개했던 의료인들과 환자들은 새로운 환경에서 새로운 도전에 나서게 된다. 그 중심에는 여전히 트리에스테가 있었다.

트리에스테 정신병원은 바살리아 법 이전에 이미 폐쇄 직전까지가 있었고 탈시설화를 위한 준비도 충분하였다. 그런 바탕에서 전국에서 가장 먼저 정신병원 폐쇄 선언을 한다. 정신병원 폐쇄 이후 어떻게 할 것인지를 보여주어야 했다. 트리에스테에 전국의 관심이 쏠렸다.

사실 정신병원 폐쇄보다 폐쇄 이후 어떻게 할 것인가가 더 중요한 과제이다. 정신병원에 갇혀 있는 정신 질환자들에 동정을 보이면서도 그들이 거리를 자유롭게 다니는 것을 불편해하거나 두려워하는 사람들이 많다. 바살리아 법을 '미친 법'이라고 비난하던 사람들의 심리에는 막연한 공포감이 자리 잡고 있었다.

폐쇄 이후의 대비가 부족하면 정신병원에서 해방된 환자들이 사회 복귀에 실패하여 거리에서 떠돌게 된다. 우리 사회도 마찬가지인데, 정신장애인을 정신병원으로 보내는 데 동의하는 사람들은 대부분 가족이다. 가족 간 갈등은 크든 작든 피할 수 없다. 정신병원 폐쇄 후 가족 간 갈등을 어떻게 해소해 나갈 것인가도 관심 대상이자 과제였다.

정신병원 폐쇄 후 병원이 차지하던 공간은 '지역사회'로 확장된다. 막연한 개념으로서의 지역사회가 아니라 지역사회 안에 존재하는 '어떤 시스템'이 병원을 대신해야 한다. 병원을 대신하는 시스템이 존재함으로, 환자도 가족도 사회도 안심하게 된다.

그 필요 시스템은 아직 마련되지 않은 상태였고, 이것이 어떤 모습이어야 하는지도 몰랐다. 전국에서 처음으로 산지오바니 정신병원의 문을 닫은 트리에스테 지역은 이 임무를 성공적으로 수행하여 정신병원 폐쇄의 정당성을 입증해야만 했다.

정신보건 센터의 탄생

병원이 사라진 곳에서 이를 대신할 시스템을 마련하는 것은 이제 지방정부의 숙제가 되었다. 트리에스테 정부는 이를 위해 산지오바니 정신병원 폐쇄 다음 해 정신보건국DMH*을 설치한다.

뒤에서 자세히 설명하겠지만 정신 질환자 관리가 정신병원에서 지역사회로 넘어가면서 지역사회 정신보건 사업을 총괄하게 된 조직이 바로 정신보건국이다. 지역마다 설치된 정신보건국은 자기 지역 실정에 맞게 새로운 정신보건 시스템을 구축해 나간다.

산지오바니 정신병원 원장으로 취임하여 병원을 폐쇄한 프랑코 로텔리는 트리에스테 지역 정신보건국장을 맡아서 개혁 운동을 계속해 나간다. 로텔리는 정신보건 센터, 환자들이 거주할 아파트, 그

---

* Departmnt of Mental Health

룹 홈, 취업을 위한 사회적 협동조합, 연극 등 예술 문화 활동을 하는 아틀리에 등을 설립해 나간다. 이는 이미 병원 폐쇄 이전 오랫동안 구상했던 것들이다.

로텔리가 가장 중요하게 생각했던 것은 말 그대로 365일 24시간 문을 여는 정신보건 센터의 설치였다. 이 센터가 있어야 정신장애인들에게 응급상황이 발생했을 때 제대로 대응할 수 있었고 지역사회의 불안감을 해소할 수 있었다. 정신병원을 대신하는 가장 핵심적인 기능을 정신보건 센터가 담당하게 되었다.

트리에스테에는 지리적 구분에 따라 모두 5곳의 정신보건 센터가 설치되었다.* 이 센터들은 모두 정신보건국에서 관장하였다. 센터는 입원을 감소시키고 재활과 사회적 재통합 증진을 목표로 지역정신보건에서 가장 핵심적인 역할을 담당하게 된다.

각 센터는 6만 명 정도의 인구를 담당하였으며 방문자들과 숙식을 해결하려는 사람들을 위해 병상과 식당을 준비하였다. 이곳에는 야간 또는 짧은 기간길면 6개월까지도 환자가 지낼 수 있는 6~12병상이 있었다. 24시간 운영되는 강력하고 포괄적인 센터였다. 정신 질환자들이 일상생활 속에서 정신적 사건이 발생했을 때 이로부터 회복되어 사회에 바로 복귀할 수 있도록 그리고 가장 심각한 상황에도 대비할 수 있도록 구성되었다.

정신보건 센터는 작은 병원으로 기능하고 있었다. 여기에는 보통

---

* 1996년에 센터가 4개로 감소한다.

정신과 의사가 두 명 이상 그리고 30명 정도의 간호사가 근무한다. 센터의 직원들은 매일 아침 회의를 하고 낮에는 단독으로 또는 그룹으로 환자와 보호자들을 만난다. 센터 내 소규모 약국도 있고 비교적 약도 자유롭게 처방할 수 있다.

센터는 낮 병원, 데이 케어 센터 기능도 담당한다. 센터의 의사와 간호사들은 환자를 진료하기 위해 자기 구역의 환자 가정을 방문하기도 한다. 구역마다 중증의 정신 질환자들이 거주할 수 있는 그룹 홈도 있었다.[1]

최근 조사에 따르면 주민 중 전화 상담을 포함해 정신보건 센터를 이용해 본 사람은 약 70%에 이른다고 한다. 센터는 지역 주민들에게 아주 친숙한 기관으로 자리 잡아 나갔다. 그렇다고 이들 모두가 정신 질환을 갖고 있는 것은 아니다. 이용자의 절반 이상은 정신 질환자의 가족이나 주변 사람들이다. 정신 질환자를 상담하는 것만큼이나 가족들 그리고 공동체 구성원들이 어려운 상황에 효과적으로 대처할 수 있도록 상담을 제공하는 것도 중요한 업무 가운데 하나이다.

정신보건 센터 전문가들은 24시간 센터 안팎 현장에서 환자를 상담하여 치료가 즉시 필요한지를 판단한다. 당장의 치료가 필요하면 동행을 설득한다. 정신보건 센터에 입소한 환자는 본인이 원하면 언제든 나갈 수 있다. 입원 치료가 필요한 환자가 완강하게 거부할 경우 강제 입원 절차를 거치는데 의사 2명의 진단과 경찰의 간단한 조사 그리고 시장의 승인이 있어야만 정신보건 센터에 입소한다. 강제 입원한 경우라도 한번 입원에 7일, 한 차례 연장할 수 있으

나 그 이상은 법으로 금지된다.[2]

정신보건 센터가 정신병원 폐쇄 이후 이를 대신하는 가장 중심적인 기관으로 자리 잡아 나갔다. 환자에 대한 일상적인 진료에서 응급 상황 대처 그리고 사회 복구를 위한 재활까지 사실 센터의 역할에는 정신보건과 관련된 모든 것이 해당되었다.

지역사회 정신보건 센터 모델은 산지오바니 정신병원 폐쇄 이전부터 바살리아와 로렐리 등이 구상해 온 것을 정신병원 폐쇄 이후 현실에 실현한 것이다. 트리에스테의 정신보건 센터는 빠르게 자리 잡아 나갔다. 트리에스테의 성공은 정신보건 센터 모델을 전국적으로 확산하는 계기로 작용한다.

산지오바니 정신병원을 시작으로 전국의 정신병원들이 문을 닫았고 그 공백을 정신보건 센터들이 채워 나갔다. 이제 이탈리아에서 기나긴 정신병원의 역사는 저물어 가고 있었다. 정신보건 센터 모델은 이탈리아를 넘어 세계 각국으로 확산되었다. 이탈리아 모델은 정신병원의 종말을 꿈꾸는 사람들에게 가장 강력한 대안으로 자리매김한다.

우리나라에서도 1995년 제정된 정신보건법 규정에 따라 전국에 정신보건 센터들을 설치한다. 어설픈 흉내 내기란 아마 이를 두고 하는 말이겠다.

이탈리아의 정신보건 센터는 의사, 간호사 등 많은 전문 인력이 항상 대기하면서 응급상황에 대처한다. 단기간 머물 수 있는 입원 병상도 갖춘 소규모 병원이라고 보면 될 듯싶다. 반면 우리나라 정신보건 센터는 24시간 문을 열지도 않으며 이탈리아처럼 강력한 진료 기능을 갖추고 있지도 않다. 정신병원을 대체한다는 것은 사실상 불가능하다. 오히려 처음부터 서로 공생, 보완하는 구조로 설계되었다고 보는 것이 맞겠다. 정신병원의 의사가 센터 책임자를 겸임하기도 한다. 진료 기능의 미비로 센터에서 정신병원으로 환자를 의뢰하기도 한다.

이탈리아에서 바살리아 법 이후 전국에서 정신병원 폐쇄와 더불어 정신보건 센터 설치가 확대된 것과 반대로 우리나라에서는 정신보건법 제정 이후 전국에 정신보건 센터가 설치되는 동시에 정신병원도 확대되는 역주행 현상을 보이고 있다.

정신보건국과 보완 조치들

이탈리아의 정신보건 센터가 병원의 역할을 수행하기는 하였지만 중증 환자까지 담당하기에는 역부족이었다. 그래서 지역의 종합병원에 정신과 환자 입원 치료가 가능한 병상을 설치하게 된다. 이 병상은 이전 정신병원과는 완전히 다른 방식으로 구성되었다. 우리가 내과, 외과 환자로 병원에 입원하여 진료를 받듯이 정신과 환자가 병세가 악화되어 잠시 병원에 입원하여 치료받고 퇴원한다는 개념이다.

장기간 수용 방식이 아니라 단기간 치료받는 방식이며 이 또한 철저하게 정신보건 센터를 지원한다는 원칙에 따르고 있다. 병원의 진료 기능이 확대되지 않도록 병상 수도 제한하였다.

트리에스테 지역 종합병원에도 정신과 환자를 위해 12병상이 준비되었다. 이 병동에는 주로 응급 환자들을 입원시키는데 대부분 24시간 이상은 입원시키지 않는다고 한다. 이 환자들은 되도록 빨리 지역 정신보건 센터나 다른 적절한 서비스 기관으로 옮겨진다.

정신병원 폐쇄에 따른 진료 기능의 공백은 정신보건 센터를 통해 해결해 나갈 수 있었지만 가장 중요한 과제 중 하나인 지역사회 복귀와 적응은 또 다른 숙제였다. 한 시민으로서 지역사회에서 살아가기 위해서는 주거, 고용, 교육 훈련 등 해결해야 할 내용이 많았다. 정신병원 폐쇄 후에 각 지방정부에 설치된 정신보건국이 이 업무를 총괄하였다.

정신 질환자들의 경우 정신병원에서 나온 후 원래 가정으로 복귀하기도 하지만 마땅히 같이 살 가족이 없거나 가족과 갈등 등의 문제로 같이 살기 어려운 경우 다른 대책이 필요했다. 주거 문제의 해결은 가장 시급한 과제의 하나였다. 트리에스테 정신보건국은 정신 질환자들에게 주거 지원 서비스도 제공하는데 현재는 그룹 홈 또는 다른 주거 시설에 45병상 정도를 유지한다. 집단 거주보다는 개별적으로 거주하도록 유도한다.

교육 훈련이나 고용 등 사회 적응 분야도 정신보건국이 관할하기는 하지만 사회 여러 분야의 지원과 협력이 반드시 필요했다. 특히 정신장애인 고용 문제를 해결하기 위해 이를 수행할 경제 조직들의 역할이 강조되기도 하였다. 1980년대부터 직업 훈련과 고용 기회 확대를 위해 협동조합들을 육성하였고 1990년대에는 사회적 기업들도 생겨났다.

환자와 가족들을 위한 자조 그룹도 많이 조직되었다. 트리에스 테 지역에 15개의 사회적 협동조합 네트워크와 당사자와 봉사자 그리고 관련자들을 포함하는 협회들도 있다. IT, 패션, 라디오 방송 등 다양한 분야에서 훈련 프로그램이 진행되고 있고 이를 위한 사회적 기업들도 활발하게 활동한다.

정신장애인들의 시민권 훈련을 위한 프로그램들도 진행되었다. 특히 젊은 환자들을 위해 주거, 고용, 교육 훈련, 네트워크 구성, 포럼, 자조 모임 등에 초점을 맞춘 다양한 프로그램도 시행되었다. 레저 활동, 워크숍, 치료 교육, 문맹 퇴치 프로그램 등 재활, 훈련, 사회화 프로그램들도 개발되고 적용되었다.

정신보건국은 정신장애인들의 거주, 고용 분야에도 정신보건 예산을 배정한다. 2011년도 트리에스테 정신보건국 예산을 보면[표 1] 전체 예산의 18% 정도가 정신장애인 개인의 거주, 고용, 사회적 관계 분야에 배정되는데 이 예산으로 160명 정도가 지원받았다. 그리

[표 1] 2011년 트리에스테 지역의 분야별 정신보건 예산

분야	비용(유로)	총 정신보건 예산 중 비율(%)
인력	10,313,338	54.88
의약품	1,082,762	5.76
당사자 개인 예산	3,506,499	18.66
진료 외 활동	669,283	3.56
보건 예산	3,221,582	17.14
계	18,793,514	100

고 4% 정도는 경제적 지원, 훈련 기금, 레저, 비정부기구 프로젝트 등에 배정되었다.

매년 180명 정도가 고용 기금으로 전문적인 훈련을 받는데 이들 중에서 20~25명 정도는 트리에스테 지역에 취직이 이루어진다고 한다. 많은 수가 사회적 협동조합에 취직하며 3분의 1 정도는 개인 회사에 취직한다. 남은 예산은 인력약 55%, 의료 예산17% 이상, 의약품6% 등에 배정되었다.[3]

1908년 설립된 산지오바니 정신병원 폐쇄 후 그 자리에는 다양한 시설들이 들어섰다. 처음 병원 안에 조성되었던 공원은 개방되었고 장미 정원도 들어섰다. 이 공원은 현재 트리에스테에서 명소로 자리 잡았다. 트리에스테 대학 시설과 사무실 일부, 두 개의 슬로베니아 고등학교, 지역 보건의료 행정 사무실, 국제 해사 아카데미, 시민 극장, 약물남용국 외에도 몇몇 시설이 자리하고 있다.

정신보건국은 현재 행정 사무실, 여러 개의 작은 주거 시설 등을 포함하여 10개의 건물을 사용한다. 역사적인 'Il posto della fragole' 바 식당은 여전히 남아서 영업 중이다. 병원 자리는 아름다운 경치와 건물, 이웃 주민들로 구성되어 다양한 인종, 문화를 유지하는 트리에스테의 상징적 공간이다.[4]

현재 트리에스테 정신보건 상황

트리에스테 지역에서 산지오바니 정신병원을 폐쇄한 지 40년 가까이 지났다. 지난 기간 지역의 정신보건 상황은 어떻게 변해 왔는가? 우려했던 일은 벌어지지 않았을까? 정신병원 폐쇄를 위해 노력했던 바살리아나 로텔리 같은 정신보건 혁명가들이 기대했던 결과들이 나타났는지 궁금해진다.

관련 지표들을 비교하는 방법은 변화를 평가하는 유용한 방식의 하나이다. [표 2]는 바살리아가 산지오바니 정신병원에 원장으로 부임할 당시인 1971년과 정신병원 폐쇄 후 18년이 지난 1998년 이후의 변화를 보여준다.

정신병원 하나가 전부였던 정신보건 기관 숫자는 산지오바니 정신병원 폐쇄 이후 49개 기관으로 증가하였다. 오직 수용만을 목적으로 했던 정신병원에서 다양한 기능과 역할을 담당하는 소규모 기관들로 분화해 간 셈이다.

그리고 정신보건 종사자 수는 535명에서 248명으로 절반 이하로

[표 2] 트리에스테 지역의 정신보건 지표 변화[6]

내용	1971년	1998년
주민 수(만 명)	30	25
투입 비용(억 리라)	540	270
병상 수(개)	200	140
환자 수(명)	입원 1,200 외래 2,500	4,000
종사자 수(명)	535	248
정신보건 기관(개)	1(병원)	49
강제 입원 환자(명)	180	25
정신과 법정 입원(명)	25	1
평균 재원 기간(일)	90	7~10

감소하고 전체 예산 규모도 540억 리라에서 270억 리라로 절반 규모로 감소한다. 대규모 정신병원 하나 유지하는 데 많은 예산과 인력이 필요하다는 사실을 보여준다. 비용 효과 측면에서 볼 때 현재 시스템이 완승을 거둔다.

바살리아 법 제정 당시 정신병원이 성토의 대상이 되었던 가장 큰 이유는 강제 입원과 불필요한 장기 입원 등 인권 문제였다. [표 2]를 보면 강제 입원도 180명에서 25명으로 줄고 평균 입원 기간도 90일에서 평균 7~10일로 대폭 감소하였다. 꼭 필요한 경우에만 입원하는 것으로 보인다.

고비용의 인권 침해 시스템이 바살리아 법 시행 이후 예산 절감형 고효율, 인권 친화형 시스템으로 바뀌었음이 확인된다.

바살리아 법 이후 변화를 확인할 수 있는 자료를 트리에스테 정신보건국의 홈페이지triestesalutementale.it에서도 확인할 수 있다. 여기에는 1971년과 2003년 안팎의 데이터들이 비교되어 나타난다.

우선 비용에 관한 것으로 지역의 정신보건 예산이 1971년 2천 6백만 유로 수준에서 2003년에는 1천 5백만 유로 정도로 절반 가까이 감소했음은 앞의 자료와 비슷하다.

병상은 1971년 1,160병상이던 것이 2004년에는 정신보건 센터, 주거 시설 등을 모두 포함하여 122병상뿐이다. 민간 부문은 2002년 지역 외부의 민간 클리닉에 입원한 경우가 2% 수준인 90명 정도였다. 정신보건 기관도 다양한 구조와 기능, 업무를 담당하는 40개 조직으로 대체되었는데 [표 2]의 49개 기관보다 더 감소한 것으로 보인다.

트리에스테 정신보건국 홈페이지. 상단에 '자유가 치료다la libertà è terapeutica'
문구가 보인다@triestesalutementale.it

1971년 강제 입원은 180명으로 인구 10만 명당 60명 정도였으
나 2003년에는 28명만이 강제 치료를 받았는데 최근 몇 년간 10만
명당 평균 11명 수준이었다. 치료를 거부하여 강제 치료해야 하는
경우가 감소한 것도 확인된다. 이 지역에서 강제 치료 명령은 이탈
리아에서 가장 낮은 수준이다. 전국 평균이 인구 10만 명당 17명인
데 이 지역은 5명 수준이다.

그리고 2005년 통계를 보면 강제 치료 명령을 받은 사람의 3분
의 2가 입원 시설 아니라 정신보건 센터에서 치료를 받았다. 트리
에스테 지역에서는 강제 치료 명령 비율도 낮았으며 폐쇄 시설이나
신체 구속과 같은 억제 수단도 사용하지 않았다.

산지오바니 정신병원 자리에 조성된 산지오바니 장미 정원

시민들의 편견이나 고정 관념이 잘못이었음도 확인 가능하다. 범죄를 저질러 교도소 병원에 입원한 정신 질환자가 1971년에는 24명이었으나1970년대, 평균하여 매년 20명 정도가 입원 2004년에는 단 2명이 입원했다. 과거 10년 동안 평균 0.5명이었다고 한다. 정신병원 폐쇄 이후 오히려 정신 질환자의 범죄가 감소한 것이다. 정신 질환자가 사회로 나가면 위험하다는 것은 잘못된 편견이었다.

정신병원 폐쇄 후 지역사회에 근거한 정신보건 사업에서 가장 중요한 평가 지표 중 하나는 위기 개입에 관한 것이다. 위기 상황에 대한 비관료적이고 비의료적인 접근은 입원율을 감소시키고 안정 상태로 회복을 앞당기고 재발도 감소시키는 효과가 있었다. 위기 상황이란 곧 환자 자신의 위기로 이해해야 하며 환자와 관련된 자원이나 관계망을 이용하여 회복시키려 노력하는 것이 중요함을 알 수 있다.

지역사회 정신보건 서비스는 표준화된 대응이나 프로토콜을 피하는 대신 환자의 사회 관계망을 재구성하고 환자 개인의 자원과 능력을 증진하는 데 초점을 맞춘다.

트리에스테의 정신보건 개혁 운동은 바살리아 법 시행 이전에도 국제 사회에 널리 알려진 상태였다. 정신병원 폐쇄 이후 지역사회에 기반을 두고 새롭게 구축한 시스템은 더욱 인권 친화형이고 효율성이 크며 치료 효과와 범죄 예방 효과도 우월함이 입증되었다. 이런 노력의 결과로 트리에스테는 정신보건 개혁의 성지가 되었다. 전 세계 많은 전문가들이 오늘도 이 경험을 배우기 위해 트리에스테를 방문한다.[*]

---

[*] 트리에스테는 1974년에 이미 세계보건기구에 의해 정신보건 탈시설화의 시범 지역으로 지정된 이후 2001년에는 성공 모델로 인정받았다. 트리에스테 정신보건국은 1987년 세계보건기구 협력 센터로 처음 지정되었다. 2005년에는 '세계보건기구-유로 헬싱키 선언과 실천 계획 WHO-Euro Helsinki Declaration and Action Plan'에서 서비스 개발 협력 센터로 지정되었다.

· 후주 ·

(1) Tim Kendall, "Trieste: The Current Situation", Third International Conference on 'Psychosis: Integrating the Inner and Outer Worlds'. September 1996

(2) 최준석, 「정신병원이 사라진 이탈리아」, 웹진 「인권」, 국가인권위원회, 2008.3

(3) Forti, A. "Mental Health Analysis Profiles (MhAPs): Italy", *OECD Health Working Papers, No. 71*, OECD Publishing, Paris, 2014. (http://dx.doi.org/10.1787/5jz15922hmd4-en)

(4) www.triestesalutementale.it/english/index.htm

(5) de Girolamo G, et al., "The severely mentally ill in residential facilitie: a national survey in Italy", *Psychl Med 34:* 1~11, 2005

바살리아 법 이후
정신보건 개혁 과정

바살리아 법 시행으로 이탈리아는 선진국 중 가장 급진적인 방식으로 일거에 정신병원을 폐쇄한 첫 번째 나라가 되었다. 단순히 법 시행만으로 모든 문제가 해결되는 것은 아니었다. 법 시행 이후 실질적인 정신병원 폐쇄까지는 많은 우여곡절이 따랐다.

바살리아 법 시행으로 이탈리아 전국은 당장 큰 혼란에 빠졌다. 트리에스테 지역처럼 준비된 곳은 거의 없었다. 환자들을 퇴원시켜야 하는데 어디로 내보내야 할지, 환자들은 나가서 뭘 하면서 지낼지, 사회적 위험은 증가하지 않을지, 정신병원을 폐쇄하면 직원들은 어떻게 되며 건물은 어떻게 처리할지 등 많은 논란이 따랐다. 이 혼란을 일으킨 바살리아 법에 대한 비난이 일기도 했다. 초기의 많은 논란에도 불구하고 바살리아 법 정신은 조금씩 구체화되면서 많은 변화를 일으켰다.

혼란을 넘어

혼란은 세밀한 데서 발생하게 마련이다. 대의와 명분에 찬성하지만 세부 사항이 따르지 않으면 진행이 어렵다. 트리에스테 지역처럼 준비가 된 곳은 혼란이 적었다. 전혀 준비 없이 정신병원 없는 새 세상을 맞아야 하는 다른 지역들을 위한 대책이 절실했다.

법 시행 초기, 혼란을 해소하기 위해 일부 보완이 이루어진다. 초기의 보완 대책은 법과 제도 개선에 집중된다. 강제 입원의 절차나 기간을 어떻게 설정할지 초기부터 많은 논쟁이 벌어진다. 상대적으로 지역마다 정신보건국을 설치하고 정신보건 센터가 정신병원을 대신하여 중요한 역할을 담당한다는 데는 큰 이견이 없었다. 비난과 혼란 속에서도 세세한 부분들을 보완 조정해 나가면서 정신병원 폐쇄라는 처음의 목표를 향해 전진해 나간다. 이 임무를 완수하는데 20여 년이 필요했다.

1980년대 초 의회는 위원회를 구성하여 바살리아 법 개선에 대한 의견을 제시하였다. ① 비자의강제 입원 기간을 7일에서 14일로 늘릴 것, ② 급성기 환자를 위한 병상을 늘려서 현재 인구 25,000명당 1병상을 인구 10,000명당 1병상으로 늘릴 것, ③ 지역사회 간호사보다는 경찰이 환자를 병원으로 데리고 갈 것, ④ 새 환자는 장기 체류 중인 만성 환자와 분리할 것, ⑤ 외래 클리닉과 지역사회 치료 서비스를 확대할 것, ⑥ 180병상짜리의 장기 요양 시설들을 새로 설립하고 그 중 60병상은 정신 질환자에 배정할 것, ⑦ 급성기 환자의 경우 비자의 입원 한 달 동안 회복되지 않으면 중간 단계 요양

시설로 전원하고 추가로 한 달 더 치료받도록 할 것 등이다.[1]

정신보건 관련 몇 가지 법률들도 보완, 정비되었다. 강제 치료 명령CTO 조항은 바살리아 법법률 180호에도 도입되었는데 현재는 법률 833호로 규제받는다. 이는 치료 거부 환자에 대한 강제 치료 관련 조항이다. 강제 치료 명령이 시행되는 요건은 '환자가 정신 질환을 앓고 있으며, 긴급한 치료가 필요한 상황인데, 치료나 입원을 거부하는 경우'다. 환자를 치료할 다른 적절한 방법이 없는 경우에도 적용된다. 강제 치료 명령을 시행하려면 의사 두 명이 해당 지역 보건 당국에 공식 요청해야 하며 시장은 의뢰 10일 이내에 승인 또는 거부해야 한다. 강제 치료 기간은 최대 7일이고 연장은 가능하다.

법률 724/1994는 모든 정신병원의 최종적인 폐쇄의 데드라인1996년 12월 31일을 제시했다. 정신병원 폐쇄를 모니터할 위원회까지 구성하였으나 폐쇄 과정은 여전히 느리게 진행되었다. 법률 662/1996과 법률 449/1997는 정신병원의 체계적인 폐쇄 필요성을 재확인하였다. 폐쇄 과정은 1998년으로 미뤄졌고 결국 1999년이 되어서야 종결되었다.[2]

법률 68/1999은 장애인의 일할 권리를 규정하고 있다. 이 법률은 회사에 부담을 주지 않으면서 장애인들의 잠재력이 직무와 잘 연결될 수 있도록 하는 데 초점을 맞추고 있다. 북부 지역 보건 당국의 다양한 시범 사업이 시도된 후 비로소 법률로 채택되었다. 법률 67/2006는 차별의 희생자인 장애인들을 보호하기 위해 장애인들의 시민, 정치, 경제 활동 권리를 보호하는 것을 목적으로 한다.

국가 차원의 정신보건 계획 수립과 이행

바살리아 법 시행 이후 정신병원 폐쇄는 정신보건 개혁가나 일부 지역의 과제가 아니라 전국 사업으로 진화한다. 더 이상 중앙정부가 손 놓고 있을 상황이 아니었다. 정부는 혼란을 빨리 수습해야할 의무가 있었다. 국가 차원의 본격 정신보건 전략과 계획은 1990년대 중반부터 수립된다.

네 차례에 걸친 국가 차원의 전략과 계획은 시기마다 목표와 과제가 다르게 설정된다. [표 3]은 그 내용을 요약 정리한 것이다.[3]

처음 두 번은 특정 목표를 정하고 이를 달성하기 위해 구체 과제를 설정하고 실행에 옮겼다. 이 과정을 거치면서 전국적으로 정신병원 폐쇄 작업이 마무리된다.

처음 수립된 국가 차원의 정신보건 정책은 1994~96년에 진행되었다. 이는 각 지역 내 정신보건 서비스 네트워크를 지원하는 내용이었다. 이 계획으로 재활과 위기 상황에 대한 개입, 정신보건국 설

[표 3] 이탈리아 정신보건 전략과 계획

전략 또는 계획	연도	주요 내용
정신보건 계획	1994~96	・정신보건국의 설치 ・정신병원의 최종 폐쇄 계획
정신보건 계획	1998~2000	・정신병원을 대체하는 지역사회 정신보건 시설의 구조, 기술, 품질 측면 기준 설정
정신보건 국가 전략 계획	2008	・지역과 지방정부 간 협력 강화 ・전국적으로 균등한 정신보건국 서비스
이탈리아 정신보건 실행 계획 (IMHAP)	2015	・조기 개입 ・경증에서 중등도 정신 질환 ・중증 정신 질환 ・아동과 청소년 정신보건

립 지원, 정신보건 인력 교육 등에 관심을 기울였으며, 남은 정신병원의 폐쇄를 마무리하기 위한 작업도 병행하였다. 정신병원 퇴원 환자에 대한 적절한 대책 마련도 고려 대상이었다. 그러나 상세한 가이드라인 부족과 부실한 모니터링, 무책임한 보건 관리자에 대한 처벌 부족 등으로 인해 일차 국가 계획의 효과는 매우 제한되었다.[4]

두 번째 계획은 1998~2000년 기간에 시행되었다. 이번에는 목표를 정확히 하고 개입에 대한 실제 제안들을 제시했다. 탈시설화는 막바지 단계에 와 있었는데 지역에 따라 속도 차이가 있었다. 기존 정신병원 입원 환자들의 퇴원을 촉진하기 위해 지역사회 내에 주거 시설 설립 기준을 제시했으며 이 시설들이 과거 정신병원을 닮아가지 않도록 고려했다. 새로운 지역사회 정신보건 서비스가 정신보건국 체제 안에서 통합되어 이루어지고 이것이 과거의 정신병원을 대체하도록 주의를 기울였다.[5]

2008년 수립된 정신보건 국가 전략 계획은 지역과 지방정부 사이 협력을 강화하고 지역마다 차이가 나는 정신보건 서비스의 내용을 통일하는 데 주안점을 두었다. 이 시기는 이미 정신병원들이 거의 폐쇄되고 지역사회 정신보건 사업이 기반을 잡아 나갈 때이다.

2015년 수립된 '이탈리아 정신보건 실행 계획'은 정신 질환에 대한 조기 개입, 아동과 청소년기 정신 질환에 대한 대책, 그리고 정신 질환 중증도에 따른 대책 마련 등의 내용을 담고 있다. 이처럼 이탈리아는 정신병원 폐쇄 이후에도 국가 차원의 전략과 계획 수립을 통해 그때그때의 상황과 필요에 맞게 대응하고 있다.

정신병원과 정신보건 시설들의 변화

바살리아 법 시행 이후 폐쇄된 정신병원들은 국공립의 공공 병원들이었다. 민간에서 운영하던 정신병원들은 그대로 남기도 했지만 당시 이탈리아 정신병원들은 대부분 국공립이었기에 바살리아 법의 영향은 상당했다.*

실제 정신병원과 정신보건 시설들의 변화를 살펴보자. 1978년 당시 78,538명을 수용했던 국립 정신병원 76곳은 모두 문을 닫고 지역 정신보건 센터나 게스트 하우스로 바뀌었다. 급성기 병상의 경우 비자의 강제 입원은 매우 낮아졌다. 반면 1978년 바살리아 법 제정 당시 민간 의료 자원으로 남았던 병원들의 병상 수는 변하지 않았고 이곳의 강제 입원 비율은 더 높게 나타났다.[6]

1980년 1월 1일을 기해 모든 정신병원의 신규 입원이 허용되지 않자 국립 정신병원들에서는 중대한 변화가 시작된다. 근무 인력들의 기능 변화에 대한 교육이 이루어지고 환자와 가족들에 대한 교육도 중요시되었다. 바살리아 법 시행 이후 실제로 모든 공공 정신병원이 폐쇄되기까지는 20여 년 정도 시간이 걸렸다. 2000년 12월 31일까지는 전국에 있는 모든 병원이 문을 닫게 된다. 하지만 꼭 같은 환자가 같은 시설에서 같은 사람에 의해 간병 받는데, 요건을 맞

---

* 현재 우리나라 상황과 크게 다른 점 중 하나다. 우리나라 대부분 정신병원은 민간에서 운영하고 있다. 국공립 정신병원은 극소수에 지나지 않아 이를 폐쇄한다 해도 그 영향은 미미할 수밖에 없다. 강제 입원이나 인권 침해 등은 공공 정신병원보다 민간 병원에서 더 자주 발생하고 있다. 공공 정신병원을 폐쇄하면 오히려 부작용이 확대될 수도 있는 아이러니한 상황이다.

추기 위해 간판만 바뀌는 경우도 있었다고 한다.[7]

정신병원 폐쇄 후에 이를 보완하기 위해 일반 종합병원에 정신병상이 설치되었다. 2007년 보고에 따르면 2000년대 중반 시칠리아를 제외한 지역의 병상은 4,113병상으로 모두 입원이 가능했다. 266개 종합병원에 3,498병상, 23개 대학병원에 399병상, 16개의 24시간 지역 정신보건 센터에 98병상이 있었는데, 전국적으로 보면 인구 1만 명당 급성 입원 병상이 0.78개 있는 셈이다. 20개 지역 54개의 민간 입원 시설에는 4,862개의 입원 병상이 있어 인구 1만 명당 0.90병상이 있다.

바살리아 법 이전의 민간 시설 병상들은 증가하지 않고 그대로 남아 있다. 공공 부문과 민간 부문 합쳐서 시칠리아를 제외한 20개 지역에 전체 8,975병상이 있는데 인구 1만 명당 1.72병상이었다. 지역 간 병상 수 차이를 보면 편차가 심해 가장 많은 지역과 가장 적은 지역이 8:1에 이른다고 한다.[8]

바살리아 법 이후 민간 병원 병상은 그대로 유지되면서 단기간의 급성기 입원 치료의 54% 정도를 담당한다. 2000년도 이탈리아에서 다른 진료 분야 민간 부문 비중이 전체 271,744병상 중 18%인데 비하면 정신의학과 분야 민간 비중은 상당히 높은 편이다.[9]

[그림 1]은 이탈리아에서 1975년부터 2011년까지 정신 질환자를 위한 입원 병상의 변화 추이를 나타낸다.[10] 이미 1975년부터 정신병원의 병상 수는 감소하는 상태였고 1978년 바살리아 법 시행 이후에도 바로 급격하게 감소하지는 않는다. 지금과 비슷한 수준의

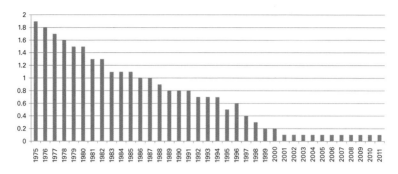

[그림 1] 이탈리아 1975~2011년 인구 1천 명당 정신 병상 수 변화[11]

병상 수에 도달한 것은 1999년에 이르러서이다.

병상 수는 시설과 관련된 것이어서 서서히 감소하였으나 입원 환자 수는 바실리아 법 시행 후 짧은 기간 안에 감소한다. 법이 통과될 당시에 전국의 정신병원에는 78,538명이 입원해 있었는데 대부분 퇴원하거나 주거 시설로 옮기게 된다. 정신병원에 입원해 있는 환자 수는 꾸준히 감소한다.

정신보건의 질적 변화

바실리아 법 시행으로 정신병원이 폐쇄되고 지역사회 중심으로 패러다임이 바뀌었는데 그 과정에서 정신장애인 개인들 또는 사회 구성원들의 정신건강에는 어떤 변화가 생겼을까. 정신병원 폐쇄로 강제 입원이 줄고 입원 기간이 줄었다는 사실 자체만으로도 의미 있는 진전임에는 틀림없지만 개인들의 정신건강에 어떤 변화가 발생했는지 사뭇 궁금하다.

아쉽게도 그동안 이탈리아 정신 질환자 탈시설화 과정에 대한 데이터들이 정기적이고 체계적으로 수집되지는 않았다. 국가적 차원에서 진행된 획기적인 정책 시행이었음에도 이후 이에 따른 국민 정신 건강의 질적 변화를 제대로 추적하지는 못했다. 급진적인 정신보건 개혁에 의한 영향과 그 결과에 관한 연구가 별로 없다. 현재는 부분적 자료들을 통해서 그 과정을 유추해 볼 수 있을 뿐이다.

정신병원이 폐쇄되고 강제 입원이 엄격하게 규제되면서 이탈리아 정신과 전체 입원에서 강제 입원 비율은 급격하게 감소한다. 1975년 50%가 1984년에 20%, 1994년에는 11.8%로 감소하였다.[12] 강제 입원의 기간도 법으로 엄격히 제한되어 점점 줄어든다.*

정신장애인 시설에 격리 수용하는 근거 가운데 하나는 정신장애인들은 위험하여 범죄를 저지를 가능성이 있으니 사회의 안전을 위해 필요하다는 것이다. 우리나라에서도 정신장애인의 범죄 문제는 매우 첨예하게 논란이 되는 이슈 중 하나이다.

바살리아 법 시행으로 인한 탈시설화 과정 동안 많은 정신 질환자가 시설을 벗어나 사회로 복귀하였으나 실제 이들에 의한 주요 범죄가 증가하지 않았으며 이탈리아에 있는 6개 교도소 정신병원

---

* 우리나라 정신병원의 강제 입원 비율은 70% 수준에 이른다. 선진국에 비하면 턱없이 높다. 강제 입원이 너무 쉽게 이루어지고 입원 기간도 너무 자의적이고 편의적이다. 이는 주요 인권 침해 사안으로 국가인권위원회에 민원이 접수되는 단골 메뉴이기도 하다. 우리나라 정신병원들이 주로 민간 병원이어서 행정 감독도 제대로 미치지 못한다. OECD 국가들에서 정신병원 입원 기간이 2011년 평균 27.5일인데 우리나라는 116일을 기록한다. 강제 입원 기간도 비슷한 양상이다.

에 수용되는 사람도 늘지 않았다.[13] 앞에서 언급했던 트리에스테 지역에서는 정신 질환자 범죄가 오히려 감소했다.

정신보건 캠페인

새로운 정신보건 체계의 정착을 위해서 정신장애인에 대한 대중의 인식 그리고 당사자들의 인식 변화가 무엇보다 중요했다. 이런 점에서 정신보건에 대한 인식 개선을 위한 다양한 캠페인이 진행되는데, 여기 몇 가지만 소개한다.

이탈리아 보건부는 정신보건에 관한 관심을 불러일으키기 위해 반낙인Anti-stigma 캠페인들을 진행한다. 2005년 첫 캠페인은 정신장애인들의 사회 배제에 초점을 맞췄다. 당시 캠페인 슬로건은 '그는 당신과 다르지 않다. 정신 질환은 치료될 수 있다'[14] '편견이 없으면 배제도 없다'*였다. 당사자와 가족 단체들은 이 캠페인에서 중요한 역할을 맡는다. '국가 정신보건의 날' 행사나 다른 이벤트들도 많이 개최되었다.

두 번째 반낙인 캠페인은 2006년 4월 '정신 질환은 치료될 수 있다. 많이 알면 차별은 없다'**는 슬로건으로 진행되었다. 이때는 젊은이들에게 정신보건 관련 이슈에 대해 많은 정보를 알리는 데 집

---

* Nessun pregiudizio, nessuna esclusione. (No prejudice, no exclusion.)

** I disturbi mentali si possono curare: più informazione meno discriminazione. (Mental health disorders can be cured: more information, less discrimination.)

중했다. 이를 수행하기 위해 보건부는 교육부와 긴밀하게 협력하였고 여기 대학들도 참여하게 된다. 캠페인의 목적은 다음과 같다.

- 학생들과 교직원들이 캠페인에 참여하도록 하여 창의성을 자극
- 학교와 교육 프로그램에서 정신보건에 관해 관심을 갖도록 격려
- 정신 질환 자체와 완치 가능함에 대한 지식과 이해 제고
- 특정 사회 집단에 대한 차별과 배제를 예방하고 대응 행동 증진[15]

'회복 이야기'*라는 이름을 건 백일장이 피에몬테Piemonte 지역의 비엘라Biella에서 정신보건 증진에 참여하는 지역의 모든 기관과 그룹의 참여 아래 이루어졌다. 이탈리아에서 저명한 두 아티스트조현병 병력이 있는 시인 알다 메리니Alda Merini와 화가이자 조각가인 미켈란젤로 피스톨레토 Michelangelo Pistoletto가 심사위원장을 맡았다.

이탈리아에 있는 모든 정신보건 센터와 지역의 그룹들이 이 백일장에 초대되었다. 웹 캠페인도 진행되었다. 조직위원회는 전국에서 시, 이야기, 자서전 등 550편의 작품을 받았다. 비엘라 극장에서 개최된 폐막식에는 9명의 수상자들 모두 초대하였다. 수상자들은 모두 상금을 받았고 그들의 작품은 책**으로 출판되었다. 이 사업에는 이탈리아의 당사자 조직과 가족들이 많이 참여하였다. 정신보건 전문가들 사이에 회복 관련 이슈가 제기되었으며 당사자들이 주장

---

* Storie di Guarigione (Stories of Recovery)
** La scrittura della guarigione [Writing the Recovery] (Storie di guarigione, 2009)

을 펼치거나 자기 이야기를 글로 쓸 기회를 갖게 되었다.[16]

정신장애인 당사자와 가족 단체의 역할

정신병원 폐쇄 후 지역사회 정신보건이 자리를 잡는 데서 정신장애인 당사자와 가족들도 중요한 역할을 담당한다.

이탈리아에는 전국 단위 또는 지역 단위 당사자와 가족 단체가 전국에 퍼져 있다. 이들 중 1960년대부터 활동을 시작한 단체도 있지만 대부분 바살리아 법 시행 이후인 1980년대 시작된 단체들이다. 1993년에는 전국에 있는 150개 이상의 단체들이 모여 전국 연대 조직인 UNASAM*을 구성한다. UNASAM은 전국 또는 지역 단위에서 정책 결정과 조정 과정에 참여하여 정신장애인의 권리를 증진시킬 목적으로 활동하고 있다. 이 연대 조직은 정신보건 관련 정책을 수립하고 집행하는 과정에도 적극적으로 참여하고 있다.

UNASAM은 정신 장애를 앓고 있는 환자들의 가족들을 연결하고 협회에서 개최하는 다양한 활동에 참여하도록 독려하기도 한다. 이들은 언론 캠페인에 적극 참여함으로 대중들에게 올바른 정보를 제공하여 정신 장애에 대한 편견과 낙인을 제거하기 위해 노력한다. 2000년대 들어 몇몇 지역에서 사망 사건 사고가 발생하자

---

* Unione Nazionale delle Associazioni per la Salute Mentale (Italian National Union of Associations for Mental Health)

UNASAM은 2010년 성명을 발표하여 지나친 구속, 폐쇄 격리 정책, 강제 입원이 환자 인권 침해의 대표적 사례임을 지적하였다. UNASAM은 이탈리아 전 지역에 지부를 두고 있으며 국제 조직인 EUFAMI,[*] WAPR[**] 등에 참여하고 있다.

여러 지역에서 소비자 또는 당사자 단체들도 많이 생겨나고 있다. 이들 중 2006년 설립된 투스카니당사자지역네트워크[***]라는 단체는 환자의 인권을 위해 가장 활발하게 활동하고 있는 단체 중 하나이다. 이 단체의 활동은 다른 지역으로 전파되어 비슷한 단체의 조직을 돕는다. 무엇보다 정신적 문제를 가진 사람들의 존엄에 대해 일반인이 인식할 수 있도록 돕는다. 가장 중요하게는 낙인에 대한 투쟁을 조직적으로 전개한다.

현재 이탈리아에는 정신장애인들의 인권 보장을 모니터하고 평가하는 공적 기구는 없다. 이런 임무는 점차 환자와 가족들 단체가 맡고서 이탈리아 보건부와 공동으로 임무를 수행한다.

정신장애인 고용 문제와 협동조합

정신병원이 문을 닫자 여기서 무기력하게 생활하던 정신 질환자

---

[*] European Association of Families of Mentally Ill People

[**] World Association for Psychosocial Rehabilitation

[***] Rete Regionale Toscana Utenti Salute Mentale (Regional Network of Mental Health Users of Tuscany)

들은 다른 요양 시설로 옮기거나 사회로 나오게 되었다. 당장 사회에서 이들이 할 수 있는 일은 거의 없었기에 사회로 나온 정신 질환자들을 위한 고용 대책 마련이 시급해진다. 지역사회에서는 정신보건국을 중심으로 직업 교육과 훈련이 이루어지고 고용 대책들도 마련된다. 지역의 회사에 정신 질환자들의 고용을 요청하고, 협동조합을 설립하여 스스로 고용 문제 해결에 나서기도 한다.

정신장애인의 고용 문제 해결에 중요한 역할을 담당하는 것이 협동조합이었다. 협동조합들이 정신 질환자들을 고용했으며, 아예 정신 질환자들이 직접 운영하는 협동조합들도 생겨났다. 일반인과 정신 질환자들이 같이 일하는 협동조합을 직접 설립하기도 했다. 이런 협동조합들을 정신보건 센터와 정신 질환자들이 공동으로 소유하기도 했다. 협동조합은 다양한 유형의 활동을 하는데 카페, 식당, 채소 재배, 가죽 공장, 가구 작업장, 요트 렌트, 자전거 렌트, 호텔, 뷰티 샵 등이다.[17]

우리나라에도 소개된 영화「위캔두댓」에 나오는 협동조합의 실제 모델은 이탈리아 북부 지역의 '논첼로Noncello 협동조합'이다. 이 협동조합은 바살리아 법으로 문을 닫은 포르데노네 주의 정신병원에서 나온 의사 3명과 환자 6명이 처음 시작하였는데 이후 약 600여 명의 조합원과 연 매출 100억 리라약 60억 원 규모로 성장하였다. 조합원의 30~40%가 정신장애인들이며 이외에도 바깥 노동이 허용된 재소자, 금치산자, 알코올과 마약 중독자, 매춘 탈출 여성 등이 일한다. 업무는 폐가전 제품의 수거, 원예, 목공, 가구 수리, 도예 등이다. 6명이 혼합 팀을 만들어 팀별로 협력하여 업무를 본다고 한다. 논첼로 협동조합은 정신 질환자들이 참여하는 사회적 협동조합으로 이탈리아에서 가장 성공한 협동조합이 된다.

영화 「위캔두댓」은 지울리오 만프레도니아 감독이 만든 협동조합 영화로 정신장애인들이 주인공으로 등장한다. 이탈리아에서는 메이저 영화가 아님에도, 40만 명 이상의 관객이 관람하고 54주간 상영을 이어갈 만큼 잔잔한 인기를 얻었다. 1980년대 이탈리아를 배경으로 하는 이 영화는 주인공 넬로가 열정적으로 노동조합에서 일하나 주변 사람들에게는 너무 좌파적이라고 공격당하고, 노조에서는 너무 시장주의적이라고 비난을 받는다. 그러다 '안티카 협동조합 180'으로 파견을 가게 된다. 이 협동조합은 정신 질환자들이 만든 협동조합으로 1978년 시행된 새로운 정신보건법인 바살리아 법에 따라 정신병원을 퇴원한 후 자활을 위해 만든 협동조합이다. 정신 질환자들이 좌충우돌하면서 협동조합을 만들어 가는 과정을 코믹하면서도 가슴 찡하게 그려내고 있다.

이탈리아에는 이외에도 정신 질환자들이 참여하여 일자리를 구할 수 있는 협동조합이 많다. 이들과 같은 취약 계층에게 일자리를 제공하는 협동조합은 1970년대 말부터 생겨나기 시작하여 1980년대를 거치면서 숫자에서도, 내용 면에서도 성장하였다. 정부는 1991년 사회적 협동조합법을 제정하여 이들을 뒷받침하고 있다.

이탈리아 법에는 통합 협동조합Integrated Cooperative 설립 기준이 마련되어 있다. 필수 조건은 최소 30%의 피고용인이 신체적 장애인, 정신 질환자, 약물 중독자 또는 이전에 정신병원에 입원했던 정신 질환자 등을 포함해야 한다는 것이다.[18]

1980년대 들어서는 협동조합의 활동 영역이 확대된다. 기존의 협동조합 방식 외에 '사회연대 협동조합'이 본격적으로 등장하면서 새로운 흐름을 만들어 나가기 시작한다. 사회적 협동조합에 관한 법률법률 318호이 제정되고 1991년에는 사회적 기업법이 처음 제정되어 법적 지원을 받게 되었다. 사회적 협동조합은 정신장애인을 포함한 장애인들의 고용에 중요한 역할을 담당한다. 이탈리아는 사회적 협동조합이 가장 일찍 정착한 나라이다.

이탈리아의 사회적 협동조합은 A형과 B형으로 구분된다. A형은 취약 계층을 대상으로 보건, 교육 등의 서비스를 제공하는 협동조합이다. B형은 장애인, 약물 중독자, 알코올 중독자, 노인, 보호 관찰 중인 수감자 등 취약 계층이 직원의 30% 이상을 구성하는 경우이다.[19] 영화 「위캔두댓」의 모델인 논첼로 협동조합은 B형 사회적 협동조합에 해당한다.

개혁의 의미

정신병원을 폐쇄하고 대안을 만드는 과정은 매우 어려운 길이었다. 정신병원에 장기간 강제 입원을 당해야 했던 정신장애인들과 이들에 공감한 의료인들 그리고 바살리아 법 제정을 위해 헌신한 수많은 사회운동가들의 노력은 높게 평가해야 한다.

이제 정신병원은 사라지고 그 자리에 다른 세계가 열렸다. 지역사회에 기반한 시스템은 또 다른 문제를 만나기도 하고 새로운 도전을 벌이기도 한다. 40년 가까운 세월 동안 어려움을 극복해 온 강인함에 기초해 앞으로도 무난하게 극복해 가리라고 낙관한다.

이탈리아 사례는 전 세계 정신보건 역사에서 가장 혁명적인 일대 사건임에 틀림없다. 이탈리아를 목격하고서 비로소 정신병원이 없어도 된다는 사실을 깨닫는다. 정신병원은 얼마나 심각하게 정신장애인들을 고통 속으로 몰아넣는가. 정신병원이 없어도 정신장애인들은 제대로 된 치료를 받을 수 있다. 이들이 지역사회에서 같이 생활해 나가도 세상은 안전하다.

정신병원 없는 이탈리아는 세계인에게 많은 영감을 주었다. 특히 거꾸로 변하는 우리나라 정신보건 문제 해결을 모색하는 데도 많은 시사점을 안겨준다. 대안 모색을 위해 우리는 이탈리아 사례를 주의 깊게 살펴볼 필요가 있다.

· 후주 ·

(1) Silvio Benaim, "The Italian Experiment.", *The psychiatric bulletin* 7: 7~10, 1983
(2) Forti, A., "Mental Health Analysis Profiles (MhAPs): Italy", *OECD Health Working Papers, No.71*, OECD Publishing, Paris, 2014. (http://dx.doi.org/10.1787/5jz15922hmd4-en)
(3) Forti, A., 위와 같은 2014 글
(4) Marco Piccinelli, "Focus on psychiatry in Italy", *British Journal pf Psychiatry 181*: 538~544, 2002
(5) Marco Piccinelli, 같은 2002 글
(6) 국가인권위원회, 「정신장애인 인권개선을 위한 각국의 사례연구와 선진모델 구축」, 「인권상황 실태조사 연구용역 보고서」, 2009
(7) Marco Piccinelli, 위와 같은 2002 글
(8) Giovanni de Girolamo et al., "The current state of mental health care in Italy: problems,

perspectives, and lessons to learn", *Eur Arch Psychiatry Clin Neurosci, 257:* 83~91, 2007

(9) Giovanni de Girolamo et al., 위와 같은 2007 글

(10) Forti, A., 위와 같은 2014 글

(11) OECD health database

(12) Giovanni de Girolamo et al., 위와 같은 2007 글

(13) Giovanni de Girolamo et al,, 위와 같은 2007 글

(14) Non è diverso da te. Curare i disturbi mentali si può.(He's not different than you. Mental illness can be cured.)

(15) Forti, A., 위와 같은 2014 글

(16) Forti, A., 위와 같은 2014 글

(17) Tim Kendall, "Trieste: The Current Situation", Third International Conference on 'Psychosis: Integrating the Inner and Outer Worlds', September 1996

(18) Savio M., "Cooperatives as a social enterprise in Italy: a pleace for social integratio and rehabilitation", *Acta Psychiatr Scand 88:* 238~242, 1993

(19) 경기개발연구원, 「한국의 자본주의와 사회적 경제」, 『이슈&진단』 제73호, 2012.11.21

이탈리아 정신보건 체계와
정신보건 상황

2018년은 바살리아 법이 제정되고 40주년 되는 해이다. 이탈리아의 정신보건 시스템은 초기의 혼란을 극복하고 이제는 매우 안정된 상태이다. 정신병원이 필요한가는 더 이상 이탈리아에서 논의 주제가 아니다. 40년 가까이 정신병원 없는 나라로 지내왔기에 과거와 같은 대규모 수용소인 정신병원은 이제 추억이 되었다. 이탈리아는 새롭게 직면하는 정신보건 문제 해결에 적합하도록 현재의 정신보건 시스템을 끊임없이 개선하고 있다.

세계 흐름에 역행하는 우리나라 정신병원 현실은 이제 방치하기 어려운 상태이다. 이에 대안 마련을 위해 이탈리아 시스템을 꼼꼼히 살펴볼 필요가 있다.

이탈리아 보건의료

이탈리아의 현재 정신보건 시스템은 보건의료 시스템의 특징 일반과도 연관되어 있다. 요약하면, 19세기 후반 시작된 의료보험 제도가 1978년 '국가보건서비스NHS'로 전환되는데 이 시점은 바살리아 법이 제정되는 시기와 일치한다. 이탈리아 보건의료에서 가장 중요한 법률안 두 가지가 거의 같은 시기에 제정되었는데 현재도 그 골간이 유지된다.

1861년 국가 통일 후 이탈리아의 보건의료 시스템은 여러 방식으로 진행되다가 19세기 후반에 의료보험 제도를 도입한다. 도입 초기에는 다양한 의료보험에 기초하여 파편화된 채 운영되었다. 예를 들어 1878년에는 2,000개 이상의 보험이 33만 명 정도를 담당하였다. 공공 부문은 큰 역할을 못 한 채 예방 프로그램이나 가난한 사람을 지원하는 수준에 그쳤다. 1898년에는 산재보험이 처음으로 도입되었으며 1904년, 제조업 노동자에게 강제 적용되었고 1917년에는 농민으로까지 확대되었다.[1]

파시즘 기간1922~45년 보건의료 체계에 다양한 변화가 있었다. 1923년 칙령에 따라 가난한 환자들이 입원 치료를 받을 권리가 처음으로 보장되었다. 1927년에는 결핵 치료를 위한 기관이 주 단위로 설립되었으며 결핵 치료를 위한 보험이 강제로 시행되었다. 1926~28년 기간에는 노동조합의 단체 협약 조건으로 노동자들에게 의료를 지원하는 내용이 포함되었다. 1930년대에는 의료보험이 노동자의 부양가족에게 확대되었다.[2]

1942년과 1943년에는 중요한 사회보험 기관들이 설립되는데 공공 부문에 고용된 사람들의 사회보험과 의료보험 담당 기관[*], 그리고 민간 부문 피고용인들의 의료보험 담당 기관[**]이다. 1950년대에는 같은 직종의 경우 퇴직자에게도 적용 범위가 확대되었다.[3]

1970년대 초반에 이르면 그간의 역사적 경과에 따라 이탈리아에 거의 100여 개에 이르는 의료보험이 존재한다. 각 보험들은 자신들의 규칙에 따라 독자적으로 운영되고 있어 의료보험의 적용 범주가 파편화되거나 실행에 제한이 걸리곤 했다.

1970년대 중반 인구의 7% 정도가 의료보험 적용을 못 받았는데 이들은 대개 직장 없는 사람들이었다. 의료보험 관리 자체가 구조적인 문제를 안고 있었다. 조직이 분절되어 서로 소통이 안 되고 관료화 경향을 보였으며 서비스가 중복되기도 하여 의료비가 급격하게 상승하였다. 그리고 보험 재정의 결손으로 재정 위기가 발생하자 정부 개입이 불가피하게 되었고 나중에는 병원 관리 책임이 지방정부로 넘겨졌다. 의료보험 제도의 문제가 누적되면서 근본적 개혁에 대한 요구도 증가하였다.

이탈리아 보건의료의 근본 변화는 바로 바살리아 법이 제정되는 1978년에 이루어진다. 그 동안 보건의료 체계의 골간을 이루던 의료보험이 폐지되고 국가가 전적으로 책임지는 국가보건서비스가 설립된다.법률 833호[4] 같은 해 거의 동시에 이루어진 국가보건서비스

---

* National institute for civil servant
** National institute for disease control

의 도입과 바살리아 법의 제정은 이탈리아 보건의료의 특징을 규정하는 양대 사건이었다.

국가보건서비스 도입의 핵심 과제는 모든 국민이 의료 혜택을 받을 수 있도록 하는 것이었다. 이 개혁의 목적은 소득이나 지역별 차별 없이 모든 국민이 같은 수준의 의료 서비스를 동등하게 이용하게 하고, 질병 예방 체계를 구축하고, 의료 시설 분포의 지리적 불균형을 감소시키고, 의료비 상승을 통제하고, 의료의 민주적 관리를 보장하는 데 있었다. 재정은 일반 세금과 보험료 등으로 혼합 구성되었는데 점차 세금 비중이 증가되었다.

새로운 의료 시스템은 국가 단위, 주 단위, 기초 단위로 나뉘어 분권화되었다. 중앙정부는 보건의료에 투자할 공공 자원의 수준을 결정하고 3년 단위의 국가 보건 계획을 수립하였다. 지역에서 서비스를 제공할 수 있도록 충분한 재정을 지원하고 지역적 불균형을 바꾸는 데 목표를 맞췄다. 주 정부는 국가 보건 계획에 따라 주 단위 계획을 수립하고 보건의료 시설들을 조직하고 관리해 나갔다. 주 단위 아래에서는 각 지역별 지역 보건 단위Local Health Units에서 의료 서비스를 담당하고 있다.

국가보건서비스 방식이 도입된 지 40년이 지난 지금도 이 방식은 계속 유지되고 있다. 의료가 국가보건서비스에 의해 제공되기에 모든 국민은 일차 의료를 담당하는 주치의에 등록해야 한다. 이 제도 아래서 의료 서비스 이용에 제한은 없으며, 특수한 검사의 경우 일부 비용을 내기도 하지만 대부분 의료비는 무료이고 정신과 약물에 대해서도 마찬가지이다. 다만 벤조디아제핀 계통의 약들은 남용

의 우려 때문에 약값을 내기도 한다. 공공병원에서 제공하는 정신
의학 치료는 물론이고 민간 부문에서 운영하는 병실에 입원할 때도
정부가 부담하는데 다만 외래 진료비는 예외이다.[5]

이탈리아 정신보건 체계

1978년부터 국가보건 서비스가 시행되면서 이탈리아 국민은 의
료비 부담 없는 보편적 의료보장을 누리고 있으며 이는 정신보건에
서도 마찬가지이다.

이탈리아의 정신보건 서비스 체계는 바살리아 법 시행 이후 장
기간에 걸쳐 서서히 변화해 왔다. 이전 같으면 정신병원에 입원하
고 있을 환자들이 바살리아 법 이후 지역사회로 나가야 했기에 정
신보건 서비스 체계의 중심은 지역사회가 될 수밖에 없었다.

지역사회 인프라 구축은 바살리아 법 실행에서 핵심 과제였다.
국가의 가이드라인이 있었음에도 새로운 지역사회 서비스를 구축
하는 과정은 아주 천천히 진행되었고 지역에 따라 편차가 발생했
다. 각 지역마다 정신보건국 지휘 아래 정신보건 센터들이 설치되
고 이를 보완하기 위해 종합병원의 입원 병상이 준비되었다. 주거
시설에 관한 관심은 상대적으로 소홀하였다. 외래 환자 서비스가
늘었어도 병원 입원이나 병상이 바로 줄지는 않았다. 시간이 지나
면서 서비스 제공의 불균형은 점차 줄어들었으나, 지역에 따른 서
비스 제공 차이는 여전히 두드러져 보였다.[6]

먼저 정신보건 분야의 조직 체계를 살펴보자. 총인구 5,600만 명은 우선 21개 지역으로 나뉘고 이들 지역은 다시 총 211곳에 이르는 지역 보건 단위로 구분되는데, 각 단위마다 정신보건국이 설치 운영된다. 정신보건국은 지역 단위 정신보건 서비스 제공 체계에서 총괄 기능을 담당하고 있다. 정신 질환자들은 지역사회에서 다른 사람들과 구분 없이 지내는 경우 필요에 따라 지역 정신보건센터를 이용하거나, 준 주거 시설인 낮 병원 또는 데이 센터를 이용하게 된다. 전문적인 입원 치료가 필요한 경우는 종합병원의 병동에 입원하게 된다. 주거 시설에서 생활할 수도 있다.

이탈리아의 정신보건 서비스 제공 체계는 [그림 2]와 같다.

지역 보건 단위

바살리아 법이 기본적인 가이드라인을 제공하였지만 실제로는 이탈리아의 21개 지역에서 자기 실정에 맞게 개혁이 진행되었다. 각 지역은 독자적인 보건 예산 조정 권한도 가지고 있고 연방정부는 각 지역의 예산 규모에 맞추어 보조금을 지원하고 있다.

하나의 지역도 여러 개의 지역 보건 단위로 나뉘기도 하며 각 단위마다 정신보건국이 설치 운영된다. 지역 단위에 따라 관련 조직이나 정신보건 서비스 전달 체계에도 차이를 보인다. 이런 이유로 시간이 지날수록 지역 간 차이가 나타났는데 이 때문에 전국적인 정신보건 실태를 파악하기 어려운 측면도 있다.[8]

이 같은 지역별 서비스 불균형 현상을 교정하기 위해 1999년 국

[그림 2] 이탈리아 정신보건 서비스 제공 체계[7]

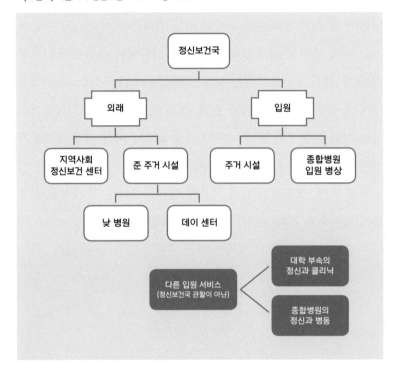

가 정신보건 장기 계획이 수립되었고 여기에는 정신보건 시설, 인력에 대한 기준안이 제시되어 있다. 강제 조항은 없었기에 지역에 따른 불균형은 잔존한다.[9]

정신보건국

지역 보건 단위마다 사정에 맞게 정신보건국이 설치된다. 정신보건국은 담당 지역 내에서 정신 질환의 예방, 치료, 재활을 증진하고 조정하는 역할을 담당하는데 관련 분야 사람들정신과 의사, 심리학자, 간호사, 사회복지사, 교사, 작업치료사, 재활 트레이너, 사무직원 등이 팀으로 일한다. 여기서 정신보건 관련한 모든 분야를 담당하는데 ① 지역 정신보건 센터, ② 종합병원의 입원 병동, ③ 준 주거 시설낮 병원, 데이 센터, ④ 주거 시설과 같은 4가지 유형의 서비스 관리가 주 업무이다.

이탈리아 북부와 중부 지역 정신보건국의 80% 정도는 원래 계획인구 15만 명 이하보다 더 많은 인구를 담당하였다. 지역 정신보건 센터는 모든 정신보건국에 설치되었으며 종합병원 입원 병동은 정신보건국의 80% 정도에 설치되었다. 주거 시설은 정신보건국의 60~75%에만 설치되어 있다. 공공 부문에 이런 시설이 부족하면 환자들은 민간 부문 시설을 찾을 수밖에 없게 된다.[10]

지역 정신보건 센터

[표 4]는 지역별 정신보건국과 지역 정신보건 센터의 개설 현황을 보여준다.[11] 정신보건국은 전국에 208개소 설치되었는데 이는 인구 24만여 명당 1개소에 해당한다. 지역 정신보건 센터는 전국에 1,387개소이며 이는 18세 이상 인구 15만 명당 4.17개소이다.

지역 정신보건 센터 인력은 1개소당 전체 인력 30~40여 명으로 구성되는데 정신과 의사 2~4명, 간호사 20여 명, 사회복지사 2~4명, 심리학자 2~4명 등이다. 간호사를 제외한 인력은 주로 지역 내 병원과 센터의 업무에 관여하게 되고 전체 간호사 중 약 10명 내외는 방문 사업을 집중적으로 수행한다. 이들 팀은 환자의 직업 훈련, 사회 적응 및 사회적 지지와 같은 사회적 문제를 다루도록 하고 환자는 계속 치료 팀과 접촉하도록 노력한다.[12] 보통 하루 12시간, 1주일에 5~6일 근무한다.[13]

각각의 센터들은 해당 지역을 다시 구역별로 나누어 담당 지역을 정하고 가정 방문 등 최일선에서 서비스를 제공하는 지역 정신

[표 4] 인구 15만 명당 지역 정신보건 센터, 정신보건국과 이용자 수의 지역별 분포[14]

지역	지역 정신보건 센터		정신보건국	
	센터 수	18세 이상 인구 15만 명당 센터 수	정신보건국 수	2009년 정신보건국당 이용자 수
Piemonte	77	3.07	25	150,347
Valle d'Aosta	8	11.27	1	106,462
Lombardia	309	5.71	29	280,084
Prov.Auton. Bolzano	9	3.38	n.a.	n.a.
Prov. Auton.Trento	10	3.53	1	424,605
Veneto	82	3.03	21	193,478
Friuli Venezia iulia	17	2.43	6	174,819
Liguria	22	2.37	5	278,775
Emilia Romagna	130	5.31	11	333,620
Toscana	129	6.14	12	262,791
Umbria	14	2.77	4	198,294
Marche	23	2.61	13	101,490
Lazio	119	3.81	12	389,980
Abruzzo	18	2.41	6	186,736
Molise	2	1.11	3	89,954
Campania	61	1.98	15	307,646
Puglia	63	2.85	10	332,089
Basilicata	5	1.53	5	97,938
Calabria	34	3.10	11	149,639
Sicilia	206	7.59	10	407,302
Sardegna	49	5.19	8	176,884
Italy	1,387	4.17	208	239,645

보건 팀을 둔다. 이 팀은 각각 약 2만 5천여 명에서 3만 명가량의 지역을 담당하게 되므로 1개의 지역 정신보건 센터에는 보통 지역 정신보건 팀 3~4개를 두게 된다.

몇 개 지역에서는 센터가 병원 업무를 동시에 수행하게 되며 지역 내 정신장애인의 재활과 관련하여 다른 사회 기관에 대해 지원과 지지를 하게 된다. 지역 내 거주하는 정신장애인을 직접 방문하여 서비스를 제공하는 방문 서비스는 주로 10명 이내 간호사들을 중심으로 이루어진다. 그러나 지역별 서비스 및 인력의 분포가 큰 차이를 보인다는 이탈리아 정신보건의 특성으로 인한 문제를 교정하기 위해 국가 차원의 인력 기준안을 제시했는데 이는 인구 1,500 명당 1명의 정신보건 종사자를 기준으로 삼았다.[15]

지역 정신보건 센터는 일반적으로 다른 시설이나 기관 사이에서 개입 계획이나 조정 역할도 맡는다. 월요일부터 금요일까지 최고 12시간, 토요일에는 반 정도 문을 연다. 환자들은 일차 의료기관을 거치지 않고 바로 찾아오게 된다. 환자의 상태는 다양한 분야의 직종으로 이루어진 팀의 평가를 받고 이곳에서 직접 치료를 받거나 다른 기관으로 전원되기도 한다.[16] 센터는 어느 정도 응급 서비스를 제공하면서 병원 역할을 대신한다.

준 주거 시설

준 주거 시설에는 낮 병원과 데이 센터가 있다. 낮 병원은 대개 단기간 복잡한 진단적 평가나 치료적 개입을 시행한다. 종합병원 안에 입원 병동과는 분리되어 있거나 때로 병원 외부에 설치하기도 한다. 기능은 지역 정신보건 센터와 통합되어 있다. 데이 센터는 1주일에 6일 동안 하루 최소 8시간 문을 연다. 환자들이 자기 관리를 훈련하고 일상생활에 필요한 실제 기술을 익히는 곳이다.[17]

보건부 조사에 따르면 2001년도에 309개소의 낮 병원과 612개소의 데이 센터가 있다. 데이 센터는 인구 15만 명당 1.6개소에 해당한다.[18]

이탈리아 정부의 공식 자료에 의하면 2005년 전국 준 주거 시설의 1만여 침상이 2009년에는 더 증가하여 12,835침상에 이르며, 이용자당 연간 지원일 수도 2005년 60.19일에서 2009년 67.01일로 증가하였다.[19]

주거 시설

주거 시설에는 정신장애인의 사회적 재활을 돕기 위해 다양한 방식의 개입이 이루어진다. 침상 수는 법에 따라 제한되며 고립을 피하고 효과적인 치료를 위해 도시 지역에 설치해야 한다.[20]

2000년 이탈리아 전역에 1,370개소의 주거 시설이 있었다. 이 시설들은 1개소당 적어도 4개 침상 이상이었는데 전체 17,138침상, 평균 12.5침상이었다. 인구 1만 명당 2.98침상이었다. 주거 시설에서는 모두 18,666명이 일하고 있는데 이 중 60%가 풀타임 근무였다. 주거 시설당 평균 직원 수는 13.7명으로 환자와 풀타임 직원의 비율은 1.4:1로 나타났다. 대부분의 주거 시설에는 가정 같은 분위기이며 1명의 거주자당 내부 면적은 36제곱미터이다. 보통 1실에 2 침상 있는 경우가 많다. 대개 환자의 일상생활을 규제하는 제한 규칙이 있으며 물자가 충분하지는 않았다.

정부 자료에 따르면 2005년 주거 시설의 침상은 15,351개였는데 계속 증가하여 2009년에는 19,299개에 이른다. 이용자 1인당 연간 지원일 수는 2005년 221.6일에서 2009년 187.5일로 감소한다.[21]

영국이나 미국에서처럼 환자 회전 비율이 낮은데, 재활 치료 목적보다는 '일상생활을 위한 집' 정도로 여기는 경향이 더 높은 것으로 보인다. 정신병원에서 지내는 것보다 가정과 같은 환경에서 거주하는 것이 훨씬 더 나은 삶의 질을 보장하는 것은 당연하다.

서비스는 지역에 따라 차이가 있어 10배 가까이 차이를 보이기도 하였다. 주거 시설 침상이 많을수록 지역사회 기반의 정신보건 서비스는 적었고 민간 클리닉의 이용도는 높았다. 이런 현상은 지역사회 서비스가 포괄적으로 이루어질수록 주거 시설에 머무는 환자가 감소함을 의미한다. 주거 시설의 4분의 3 정도에서 24시간 일하는 직원이 있었으며 장기간 거주가 가능하고 환자의 회전율도 낮았다. 중환자이거나 이전에 정신병원에 입원했던 환자의 비율이 높을수록 퇴원 비율은 낮았다.[22]

[표 5]는 2009년도 주거 시설과 준 주거 시설의 수, 침상 수, 이용자당 지원일 수 등을 보여준다. 앞서 언급했지만 2005년도와 비교하여 2009년도 주거 시설과 준 주거 시설의 병상 수는 증가하였으며 이용자당 지원일 수는 주거 시설의 경우 감소하고 준 주거 시설의 경우는 계속 증가하는 것으로 나타난다.

입원 병상[23]

정신병원이 문을 닫았으나 급성기 환자 또는 중증 환자들을 위한 병상은 남아 있었다. 그러나 그런 병상도 과거 수용소 개념의 정신병원과는 달랐다. 지금의 입원 병상은 다른 환자들도 입원하는

[표 5] 2009년 지역별 주거 시설과 준 주거 시설에서 제공된 서비스[24]

지역	주거 시설				준 주거 시설			
	시설 수	침상	이용자	이용자당 지원일 수	시설 수	침상	이용자	이용자당 지원일 수
Piemonte	260	2,301	1,972	268.21	47	1,130	2,770	66.90
Valle d'Aosta	2	31	31	292.39	1	11	16	113.19
Lombardia	288	3,691	5,894	209.01	160	2,496	6,857	71.83
Prov.Auton. Bolzano	8	129	233	180.97	6	67	386	54.46
Prov. Auton. Trento	14	148	195	194.66	7	109	456	36.36
Veneto	186	1,822	2,128	252.06	118	1,750	4,006	70.25
Friuli Venezia iulia	36	265	759	104.94	20	286	1,212	38.16
Liguria	63	834	945	264.16	18	302	1,010	60.64
Emilia Romagna	205	1,839	6,198	91.81	66	1,004	3,660	52.65
Toscana	127	819	1,114	202.39	68	1,092	2,073	90.49
Umbria	40	333	363	275.93	16	220	322	91.72
Marche	36	444	587	251.63	16	234	468	91.94
Lazio	76	1,357	3,855	111.43	51	1,412	2,217	68.08
Abruzzo	34	759	886	295.51	10	201	284	122.40
Molise	6	60	69	315.68	6	17	18	332.94
Campania	92	931	1,358	196.47	72	1,073	2,851	50.83
Puglia	81	1,243	1,006	312.76	28	529	588	211.99
Basilicata	25	284	354	238.10	4	70	63	190.79
Calabria	17	353	364	148.70	9	84	578	26.57
Sicilia	50	1,290	1,667	249.38	30	560	1,894	41.21
Sardegna	33	366	397	224.75	10	188	301	68.29
Italy	1,679	19,299	30,375	187.52	763	12,835	32,030	67.01

종합병원에 마련된 정신과 병상이었다. 그리고 많지는 않으나 일부 민간 정신병원이 있었다.

2009년의 정부 자료를 보면[표 6] 18세 이상 인구 1만 명당 정신

[표 6] 2009년 지역별 공공과 인가받은 민간 정신과 병상(25)

	공공 정신과 병상		인가받은 민간 정신과 병상		계		
	병상 수	18세 이상 인구 1만 명당 병상 수	병상 수	18세 이상 인구 1만 명당 병상 수	병상 수	공공 병상의 비율	18세 이상 인구 1만 명당 병상 수
Piemonte	338	0.899	560	1.490	898	37.6	2.389
Valle d'Aosta	23	2.160	0		23	100	2.160
Lombardia	862	1.061	14	0.017	876	98.4	1.078
Prov.Auton. Bolzano	71	1.780	0		71	100	1.780
Prov. Auton. Trento	48	1.130	0		48	100	1.130
Veneto	590	1.452	339	0.834	929	63.5	2.286
Friuli Venezia iulia	44	0.419	0		44	100	0.419
Liguria	215	1.542	0		215	100	1.542
Emilia Romagna	265	0.722	271	0.738	536	49.4	1.461
Toscana	308	0.977	156	0.495	464	66.4	1.471
Umbria	44	0.581	0		44	100	0.581
Marche	128	0.970	15	0.114	143	89.5	1.084
Lazio	344	0.735	0		344	100	0.735
Abruzzo	119	1.062	40	0.357	159	74.8	1.419
Molise	33	0.223	0		33	100	1.223
Campania	214	0.464	160	0.347	374	57.2	0.810
Puglia	239	0.720	20	0.060	259	92.3	0.780
Basilicata	44	0.899	0		44	100	0.899
Calabria	124	0.753	35	0.213	159	78.0	0.966
Sicilia	489	1.201	140	0.344	629	77.7	1.544
Sardegna	88	0.622	0		88	100	0.622
Italy	4,630	0.919	1,750	0.351	6,380	72.6	1.280

질환 환자를 위한 입원 병상은 공공, 민간 합쳐서 1.28병상이었다. 여기 나온 수치만 봐서는 어느 정도 수준인지 판단하기 어려울 것이다. OECD 국가 간 정신과 입원 병상을 비교해 보면 그 의미를 보다 선명하게 알 수 있다.[26]

[그림 3]은 OECD 국가에서 2005년과 2015년, 10년 가까운 동안 나라별 정신과 입원 병상의 변화를 보여준다. OECD 국가 중 이탈리아는 멕시코, 터키 다음으로 정신과 입원 병상 수가 적다. 멕시코와 터키는 입원 병상과 마찬가지로 정신과 의사 수도 가장 적고 정신보건 예산도 많지 않아 정신보건에 관한 관심이 거의 없거나 방치되는 것으로 보여 이탈리아와 비교 자체가 어렵다. 이 두 나라를 제외하면 이탈리아는 입원 병상이 가장 적은 나라임에도 의사 수는 평균 이상으로 다른 선진국 수준을 유지한다. 병원이 아니라 지역사회에 뿌리를 두는 정신보건 체계인 것이다.

OECD 국가 중에서 인구 대비 정신 질환자 병상이 가장 많은 나라는 일본이다. 우리나라도 비교적 정신 병상이 많은 나라 군에 속한다. 대부분의 OECD 국가가 2000년에 비해 2011년 병상 수가 감소하고 있음에도 우리나라는 증가했음을 확인할 수 있다.* 입원 병상 수가 OECD 평균보다 상당히 많고 증가하는 반면 정신과 의사 수는 멕시코, 터키, 칠레에 이어 적은 순으로 4위를 기록하고 있다. 의사는 적은데 병상 수 즉 입원 환자 수가 많음은 무슨 뜻일까. 정

---

* 1995년 정신보건법이 제정되고 나서도 우리나라 정신 병상은 계속 증가하고 있다. 정신보건법으로 인해 오히려 강제 입원이 합법화되었고 이는 장기 입원으로 이어지면서 현재는 OECD 국가 중에서 유일하게 정신과 입원 병상이 증가하는 나라라는 오명을 쓰고 있다. 세계적 추세와 동떨어져 거꾸로 가고 있다.

[그림 3] 2005년과 2015년(또는 가장 근접기) 인구 1,000명당 정신 병상 수[27]

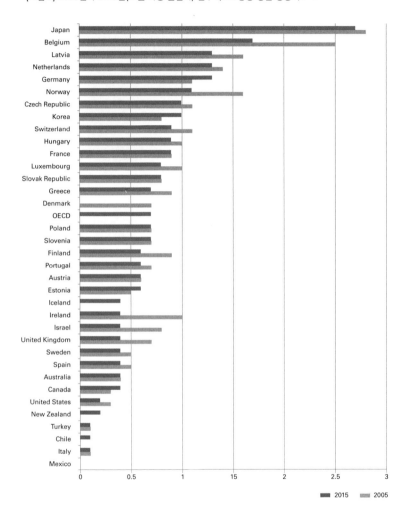

신병원 입원이 치료 또는 재활보다는 격리, 수용에 가깝다는 걸 의미한다고 보인다.

[표 7]은 이탈리아 정신보건 서비스 체계의 내용을 보여준다.

정신보건 인력

2006년도에 이탈리아 국가에서 운영하는 정신보건 시설에 30,711명이 고용되어 있는데 인구 1천 명당 0.54명에 해당하는 인

[표 7] 이탈리아 정신보건 서비스(2006년)[28]

시설	개소	인구 1만 명당 병상 수	인구 15만 명당 침상 수	국가 기준안
(1) 종합병원 정신과	266		-	
전체 병상 수	3,488	0.78		1/10,000
평균 병상 수(개소별)	13.1			
(2) 대학병원 정신과	23		-	-
전체 병상 수	399			
평균 병상 수(개소별)	17.3			
(3) 특수 정신보건센터 (24시간 운영)	16		-	-
전체 병상 수	98			
평균 병상 수(개소별)	6.1			
(4) 기타 공공입원시설			-	-
전체 병상 수	118			
(5) 민간 정신병원	54		-	-
전체 병상 수	4,852	0.94		
평균 병상 수(개소별)	90.0			
전체 급성 병실 수	8,975	1.72	-	-
주거 시설	1,370		-	1/10,000
전체 인원 수	17,138	2.98		
평균 인원 수(개소별)	12.5			
지역 정신보건 센터	707	-	1.88	1/150,000
정신과 외래시설	1,107	-	-	-
낮병원	309		1.6	1/150,000
주간재활시설	612			
근무 인력 수	30,711	-	-	1/1,500
정신과 의사	5,561			
심리학자	1,860			
간호사	14,780			

원이다. 이외에도 지역 정신보건국에 3,735명이 고용되어 있다. 공공 부문에 고용된 정신과 의사는 5,561명, 심리학자 1,860명, 간호사 14,780명이었다. 민간 부문에서 일하는 인력에 대한 공식적인 통계는 없다.

정신보건 인력의 교육과 훈련에 대해서도 개혁이 이루어졌다. 1996년 심리적인 문제에 더 많은 관심을 가질 수 있도록 의대 학부 교육 과정에 중요한 개혁이 있었는데 학생들이 환자와 가족들 그리고 다른 의료진들과 좀 더 잘 소통하고 지역사회 건강 문제를 잘 인식할 수 있기를 기대했다.[29]

정신과 의사가 되기 위해서는 먼저 의사가 된 다음에 별도의 교육 과정이나 공공 정신보건 시설에서 4년 교육 과정을 마쳐야 한다. 과정 동안 최소 환자 80명을 치료해야 하고 최소 환자 20명을 정신 치료해야 한다. 재활 프로그램 최소 10개와 정신과 약물에 대한 임상 시험 5개 과정에 참여하여야 한다. 그리고 협진을 최소 20회 봐야 하고 당직은 50회, 정신 측정은 최소 40회 이상 시행하며 정신의학 법도 알아야 한다. 이 4년 과정을 마치면 별도의 시험 없이 면허를 취득할 수 있다.[30]

이탈리아 정신과 의사 수는 OECD 평균 이상을 유지한다. 2011년 인구 10만 명당 정신과 의사 수는 18명으로 OECD 평균 15명보다 높다.[31] 병상 수는 적은데 의사 수가 많음은 의사들이 병원보다 주로 지역사회에 근거한 진료에 전념하고 있음을 의미한다.*

---

* 이탈리아는 서유럽 국가 중에서도 전체 의사 수가 많은 편에 속하는데 인구 1천 명당 5.9명 수준이다. 영국이나 아일랜드가 인구 1천 명당 2명 정도인 데 비하면 훨씬 많은 것이다. 이탈리아의 간호사 수는

정신 질환자를 상대하는 간호사 수는 상대적으로 적다. 2011년 OECD 평균이 인구 10만 명당 49.7명인데 이탈리아 경우는 19.3명으로 적다. 이는 입원 병상이 적어 상대적으로 간호사 수요가 적기 때문이다.

우리나라를 살펴보자. 입원 병상은 평균 이상인데 의사 수는 적은 순으로 4위, 간호사 수도 적은 순으로 5위에 자리하고 있다. 돌봐야 할 입원 환자는 많은데 의사, 간호사는 턱없이 부족함이 나타난다. 우리나라 경우 정신 질환자 진료가 입원 중심으로 이루어지는데 인력은 매우 부족하여 사회복귀, 재활 중심 진료보다 격리, 수용 중심임이 나타난다.

일차의료

이탈리아에서 일차의료Primary care는 정신보건에서 중요한 역할을 담당하는데 특히 경증 또는 중등도의 질환에서 더 그렇다. 대개 일반의General Practitioners, GPs는 우울증이나 불안 증상을 직접 치료하는데, 중증 질환은 전문 치료를 위해 전원 의뢰한다.

다른 나라와 달리 이탈리아에서는 일반의가 게이트키퍼Gatekeeper 역할을 맡지 않는다. 일차, 이차, 삼차 의료가 모두 환자에게 열려 있는 셈이다. 예를 들면 정신보건국에서 가장 핵심적인 역할을 맡는 지역 정신보건 센터의 경우 의뢰 절차 없이도 환자들이 자유롭

—

인구 1천 명당 5.3명으로, 의사보다 오히려 적다.

게 이용할 수 있다.

2001~02년 진행된 한 연구WHO ESEMeD study[32]를 보면 경증 또는 중등도 정신 증상을 가진 환자가 일반의를 찾는 경우는 38%, 정신과 의사는 21%, 심리사 6%, 일반의와 정신과 의사를 같이 찾는 경우는 21%였다. 단독이든 같이 찾든 일반의를 찾는 경우가 반 정도임을 알 수 있다. 이는 현재 일반의가 정신의학 약물을 처방할 수 있다는 사실 그리고 OECD 국가 중 인구 대비 일반의 비율이 가장 낮은 수준*이라는 사실에서도 일부 원인을 찾을 수 있다.

2012년 11월 8일 통과된 법률 189/2012호는 '더 나은 보건의료 시스템을 통해 국가 개발을 촉진하기 위한 긴급한 수단'을 시작했다. 이 법률은 일반의의 업무와 이차 의료와 관계에 대한 세세한 가이드라인을 규정하고 있다. 이탈리아의 일반의는 보통 그룹 또는 네트워크로 일하지 않고 단독으로 일한다. 그러나 일반의와 정신보건 서비스의 통합 중요성 때문에 이를 실현하기 위한 여러 시범 사업들이 시행된다. 이 중 처음 시행된 사업은 1999년 에밀리아로마냐 주의 볼로냐 시에서 시작한 레기에리G.Leggieri 프로그램이다.[33]

레기에리 프로그램은 볼로냐 시 정신보건 센터에서 1999년 처음 시작되어 나중에 다른 지역으로도 확대되었다. 이 모델의 목적은 정신의학자, 전공의, 심리학자, 간호사 등으로 구성된 전문 팀들과 일차의료를 담당하는 개원의들과의 협력을 강화하는 것이었다. 이

—

* 2011년 전체 일반의 수가 45,878명으로 인구 10만 명당 0.76명이다. 이 수치는 과거 15년 동안 점차 감소하는 추세이다. 1995년에는 47,157명으로 인구 10만 명당 0.83명이었다. (OECD health database, 2013)

러한 협력을 통해 경증의 경우 일차 의료에서 담당하고 중증의 경우 이차 의료에서 담당하는 방식으로 치료 경로를 개선함으로 정신보건 문제들의 치료 질을 개선할 수 있었다.

이 시스템은 일차의와 정신보건 서비스 사이를 연계하도록 디자인되었다. 레기에리 프로그램에서 채택된 단계적 치료 모델에 따르면 질병의 중증도에 따라 세 가지 다른 접근이 가능하다. 경증 정신 질환 환자의 경우 일차 개원의에게 치료받고 중등도 환자는 지역 정신보건 센터의 지원을 받아 일차의가 치료한다. 중증 환자의 경우 주로 정신보건 센터가 중심이 되어 치료를 담당하는 방식이다.

프로그램의 결과를 모니터하기 위해 에밀리아로마냐 지역에 있는 모든 지역 보건 당국에 정기적으로 설문지가 배포되었다. 정신보건 센터와 연계하는 일차의 수가 2009년에서 2011년 사이 16%가 증가한 것으로 나온다.[34]

이탈리아 정신보건 상황

정신병원은 문을 닫고 정신보건 현장에서의 인권 문제는 크게 개선되었지만 정신보건 문제 자체가 사라진 것은 아니다. 이탈리아 국민의 정신 질환 유병률이 다른 서유럽 국가에 비해 낮다고 하지만 조현병, 조울증, 우울증 같은 중증 정신 질환은 여전하며 자살 문제도 남아 있다. 청소년기의 약물 중독과 정신건강 문제 그리고 고령화에 따른 노인 정신보건의 문제도 새로운 도전 과제이다.

현재 이탈리아 국민의 정신 질환 유병률은 7~8%로 서유럽 국가들에 비교하면 낮은 편이다. 이탈리아 정신의학협회의 자료에 따르면 정신건강 서비스를 받은 사람은 인구의 1.1% 정도이고 치료받는 사람 중 27.7%는 처음 치료받는다고 한다.[35]

세계보건기구는 2001년 이탈리아의 경우 신경정신 질환에 해당하는 경우가 10만 명당 2,978 DALY* 정도라고 평가했다. 이탈리아 전체 질병 부담의 25% 수준에 달한다. 우울증이 전체 질병 부담의 7%, 중독 5%[알코올 3%, 약물 중독 2%], 치매 4%, 조울증, 조현병, 강박 장애, 공황 장애 등 각 1% 정도 차지한다.[36]

자살률

이탈리아에서 정신보건 개혁 이후 20년에 걸쳐 자살률이 증가한 것으로 나타나는데 정신 질환 이외 요인의 영향을 배제할 수 없다. 그러나 2000년 이후 10년 동안은 자살률이 감소한 것으로 나타나 이러한 자살률 변화가 정신병원의 개혁과 직접적인 관련성이 있어 보이지 않는다. 1993년 인구 10만 명당 8.3명이었던 자살률은 2010년 5.1명으로 감소하였다고 보고된다.

현재의 자살률만 놓고 다른 OECD 국가들과 비교해 보면 이탈리아의 자살률은 낮은 편이다. 2015년도 자살률 비교에서 OECD

---

* 'Disability-adjusted life years(DALY)' 조기 사망에 의해 단축되는 수명과 질병 속에서 지내야 하는 기간을 하나의 지표로 통합한 것이다.

[그림 4] 2015년(또는 가장 근접기) OECD 국가별 인구 10만 명당 자살자 수[37]

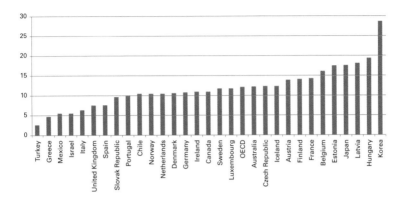

[그림 5] 우리나라 자살률 추이[38]

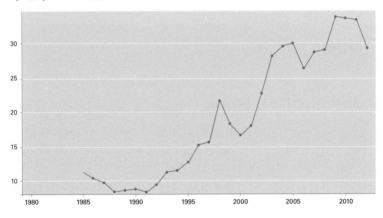

국가들 인구 10만 명당 자살률이 평균 12.1명인 데 비해 이탈리아
는 6.3명으로 절반 수준이다. [그림 4]는 나라별 자살률이다.

부끄럽게도 우리나라는 가장 오른쪽에 위치한다. 자살률이 10만
명당 28.7명 수준이다. 2위인 헝가리보다도 상당히 큰 차이로 1위
이다. 우리나라에서 1997년 외환위기 이후 자살률이 계속 증가하는

데 이는 사회 경제적 충격이 개인 삶에 지속적인 영향을 미치며 심하면 극단적 상황에까지 내몰고 있음을 보여준다.[*] 최근 10년 사이 우리나라 자살률은 두 배 가까이 증가하였다.[**]

2010년 한 해 동안 이탈리아에서 3,048명이 자살한 것으로 나오는데 자살자 세 명 중 한 명 정도가 평소 정신건강 문제가 있었다고 한다. 지역적으로 볼 때 남부 지역의 자살률이 낮게 나타난다.

중증 정신 질환

한 조사에 따르면 2004년도 이탈리아에서 신규 조현병 환자가 32,000명 정도라고 확인한 바 있다. 이는 10만 명당 73.6명에 해당한다. 이 수치는 전체 이탈리아가 아닌 541개 지역 정신보건 센터, 약 4천 3백만 명 인구 대상 지역의 자료에 근거한 것이다. 다른 조사에서는 22개 대상 지역 정신보건 센터에서 1년 동안 중증 정신보건 문제로 치료받은 환자가 인구 10만 명당 17.7명으로 나오기는 했는데 이는 다른 기관에서 치료받은 환자와 치료받지 않은 환자를 제외한 것이므로 전체 중증 환자에 해당한다고 보기는 어렵다.

---

[*] 1990년대 초반까지만 해도 비교적 낮게 유지되던 자살률이 1997년 외환 위기를 기점으로 그 다음 해인 1998년 급격하게 상승하는 것을 확인할 수 있다. 이후 2년 동안 약간 감소하는 듯하다가 2000년 이후 계속 증가하였다. 외환 위기에 의한 충격이 1998년 급격한 자살률 증가로 나타났다가 이후 지속적 구조조정, 비정규직 확대 등 전반적으로 사회적 불안정성이 증가하면서 자살률도 계속 증가한 것으로 보인다. 그나마 다행인 것은 2009년 인구 1만 명당 33.8명으로 최고 정점에 도달한 이후 미세하지만 감소하고 있다는 점이다.

[**] 2011년 정신 질환 실태조사에서 성인의 15.6%는 평생 한 번 이상 심각하게 자살 사고(思考)를 경험하였으며, 3.3%가 자살 계획, 3.2%가 자살을 시도한 것으로 나타나고 지난 1년간 자살 시도자는 10만 8천여 명에 이르는 것으로 추산된다.

여기서 조사된 중증 질환 중에서 40% 정도가 조현병, 30%는 조울증, 우울증이 19% 정도이다. 중증 정신 질환자들의 40%가 8년 미만의 저학력자이며 48%는 가족과 살고 있으며 40%는 실업 상태이고 87%는 경제적 수준이 중간 이하에 해당하였다.[39]

2009~12년에 걸친 전국 조사에서 성인 인구의 6.6% 정도가 우울증에 해당할 수 있는 증상들을 보인다고 평가한 바 있다. 이런 증상들은 나이에 따라 증가하며 여성, 저소득자, 저학력자에서 더 높은 경향을 보였다.[40]

소년기와 청소년기 정신보건

일부 조사에서는 기법에 따라 이 연령대 정신 질환 가능성이 8.2~9.8%로 나타난다. 편부모 가정일수록 유병률이 높았고 부모의 학력이나 수입과도 상관 관계가 있었다. 특기할 사항은 증상을 보이는 의심 환자의 80% 정도가 전문적인 도움을 받지 않고 있다는 사실이다. 이런 치료 차이는 성인에서도 마찬가지로 이는 이탈리아 정신보건에서 중요한 이슈 가운데 하나이다.[41]

어린이와 청소년의 약물 남용, 정신 질환은 정신보건국이 아닌 별도의 시설과 인력으로 구성된 특수 시설에서 치료 받는다. 최근까지도 이 서비스는 독자적으로 활동하고 있는데 정신보건국과의 접촉은 산발적이었다. 현재 두 분야의 협동과 협력이 정신보건 분야에서 중요한 과제로 제기되고 있다.

노인들의 정신보건 문제

우울 증상은 이탈리아에서 노년기에 증가하는 것으로 보고되고 있으며 나이가 들수록 중증도도 심해지는 것으로 보인다. 65세 이상 인구에서 우울증 의심 증상이 20%에 이르는데 65세 미만 성인기의 7%에 비해 상당히 높다. 75세 이상에서는 그 비율이 더 높아지며 여성에서 남성보다 높게 나온다.

우울 증상이 있는 경우 한 달의 반 정도에서 활동 제약이 따른다. 우울 증상이 없는 경우 3일의 활동 제약에 비교하면 훨씬 높은 것으로 보고되고 있다. 3명 중에서 2명 정도가 가족이나 의사의 도움을 구하며 나머지는 그렇지 않다고 한다. 이런 은둔 현상도 노인들에게 중요한 이슈이다.

2009년 조사에서는 65세 이상 노인의 30% 정도가 혼자 사는 것으로 나오기도 하였다. 이 비율은 여성에서 더 높았다.[42]

·후주· ···

(1) European Observarory on Health Systems and Policies, "Italy Health systen review", *Health Systems in Transition, vol.11 No. 6, 2009*

(2) European Observarory on Health Systems and Policies, 같은 2009 글

(3) European Observarory on Health Systems and Policies, 같은 2009 글

(4) European Observarory on Health Systems and Policies, 같은 2009 글

(5) Giovanni de Girolamo et al., "The current state of mental health care in Italy: problems, perspectives, and lessons to learn", *Eur Arch Psychiatry Clin Neurosci 257*: 83~91, 2007

(6) Marco Piccinelli, "Focus on psychiatry in Italy", *British Journal pf Psychiatry 181:* 538~544, 2002

(7) Forti, A., "Mental Health Analysis Profiles (MhAPs): Italy", *OECD Health Working Papers, No.71,* OECD Publishing, Paris, 2014. (http://dx.doi.org/10.1787/5jz15922hmd4-en)

(8) Giovanni de Girolamo et al., 위와 같은 2007 글

(9) 국가인권위원회, 「정신장애인 인권개선을 위한 각국의 사례연구와 선진모델 구축」, 『인권상황 실태조사 연구용역 보고서』 2009

(10) Marco Piccinelli, 위와 같은 2002 글

(11) Forti, A., 위와 같은 2014 글

(12) 국가인권위원회, 위와 같은 2009 보고서

(13) Giovanni de Girolamo et al., 위와 같은 2007 글

(14) Ministry of Health, *Report on the health status of the country 2009-2010,* Directorate General for health information, communication technology and statistics, 2011

(15) 국가인권위원회, 위와 같은 2009 보고서

(16) Marco Piccinelli, 위와 같은 2002 글

(17) Marco Piccinelli, 위와 같은 2002 글

(18) Giovanni de Girolamo et al., 위와 같은 2007 글

(19) Ministry of Health, 위와 같은 2011 보고서

(20) Marco Piccinelli, 위와 같은 2002 글

(21) Ministry of Health, 위와 같은 2011 보고서

(22) Marco Piccinelli, 위와 같은 2002 글

(23) Forti, A., 위와 같은 2014 보고서

(24) Ministry of Health, 위와 같은 2011 보고서

(25) Ministry of Health, 위와 같은 2011 보고서

(26) Forti, A., 같은 2014 보고서

(27) OECD Health Statistics 2017

(28) Giovanni de Girolamo et al, "The severely mentally ill in residential facilitie: a national survey in Italy", *Psychl Med 34:* 1-11, 2005

(29) Marco Piccinelli, 위와 같은 2002 글

(30) Marco Piccinelli, 2002 같은 글

(31) OECD Health Database

(32) "European Study on the Epidemiology of Mental Disorders" (Alonso et al., 2003; De Girolamo et al., 2006a; De Girolamo et al., 2006b)14

(33) Forti, A., 위와 같은 2014 보고서

(34) Forti, A., 같은 2014 보고서

(35) Giovanni de Girolamo et al., 위와 같은 2007 보고서

(36) Forti, A., 위와 같은 2014 보고서

(37) OECD Health Statistics 2017

(38) OECD Health Database

(39) Forti, A., 위와 같은 2014 보고서

(40) Forti, A., 같은 2014 보고서

(41) Forti, A., 같은 2014 보고서

(42) Forti, A., 같은 2014 보고서

이탈리아의 정신보건 개혁은 바살리아를 비롯한 진보적인 정신 의학자들의 주도 아래 이루어진다. 1970년대 혁명적 사회 분위기에서 정신보건 개혁 운동은 사회운동과 긴밀한 연대를 통해 정치 운동으로 발전하여 바살리아 법이라는 결과를 이루어 낸다.

이제 정신병원 없는 나라 40주년을 맞는 이탈리아는 정신보건 개혁의 세계적인 표상으로 자리매김하고 있다.

이탈리아 사례는 우리에게 많은 것을 알려 준다. 무엇보다 대규모 정신병원이 없어도 정신 질환 관리가 가능하다는 것, 병원 중심이 아닌 지역사회 중심의 정신보건 체계가 우리가 지향해야 할 미래라는 점, 정신장애인들은 병원에 격리되어 수용되어야 할 존재들이 아니라 지역사회에서 같이 부대끼면서 살아가야 할 존재라는 사실 등이다.

이 순간에도 수만 명의 정신 질환자가 자의가 아니라 타의에 의해 정신병원에 수용되어 있다. 여기서 '타의'란 주로 가족과 정신과 의사의 결정 또는 공권력이다. 너무 많은 사람이 정신병원에 강제 입원을 당하며, 너무 쉽게 입원 기간이 연장되고, 너무 오래 입원하게 되는 것이 현실이다. 정신병원 입원이 환자를 치료하고 사회 복귀를 준비하는 과정이 아니라 수용 자체를 목적으로 하는 경우가 비일비재하다.

정신병원 입원 결정이 고심 끝에 환자를 위해 내린 결정일 수도 있으나 가족이나 행정 편의에 따라 내려지는 경우가 훨씬 많다. 진정으로 환자를 위한 결정이었다 하더라도 그 결과가 반드시 환자에게 도움이 되리라는 보장이 없다. 수용 시설로 환자를 강제 입원시킨 가족들도 자책감에 괴로워하고 있을 것이다.

정신장애인들이 정신병원의 문을 나선다 해도 사회는 이들을 맞을 준비가 되어 있지 않다. 지역사회에서 거주할 곳도 마땅하지 않고 생계 꾸리기도 막막하다. 무한정 가족에게 기댈 수만도 없다. 병원을 나가도 갈 곳이 없기에 그냥 병원에 머물게 되는 악순환이 현재 우리나라 정신장애인의 현실이다. 건강한 지역사회가 정신장애인들을 이웃으로 받아들이고 같이하려는 마음이 이들의 인권 향상에 절대적이다.

이탈리아의 개혁 과정을 우리나라에 적용한다고 할 때 여러 가지 장벽이 있다.

첫째는 법률 제정만으로 일시에 전국의 정신병원 문을 닫을 수 있는가이다. 당시 이탈리아의 정신병원은 대부분 공공병원이었다. 그래서 가능했는지도 모르지만 공공 정신병원 폐쇄를 선언한 바살리아 법은 이탈리아 정신보건의 패러다임 자체를 바꿀 수 있었다.

우리 경우 상황이 여의치 않다. 우리나라 정신병원들은 대부분 민간 병원이고 공공 병원은 아주 소수이다. 민간 병원 폐쇄에는 저항이 따를 수밖에 없다. 이탈리아 경우도 민간 정신병원은 예외였다.

바살리아나 로텔리 등 이탈리아의 진보적인 정신의학자들은 자신이 원장으로 있는 공공 정신병원의 해체를 직접 기획하고 실행하였다. 우리나라에서는 민간 정신병원을 운영하는 정신과 의사들이 직접적인 이해 당사자이다. 자신의 경제적 손실을 초래할 병원 폐쇄를 반길 리가 없다. 우리나라에서 정신 질환자 인권 침해는 공공 병원보다는 민간 병원에서 더 빈번하게 일어나고 있다.

우리나라에서는 역설적으로 공공 정신병원을 더 확충해야 한다는 목소리가 나오는 상황이다. 민간 병원 폐쇄나 축소를 행정이나 입법을 통해 실현하기가 쉽지 않고, 민간 병원이 대규모로 온존하는 상황에서 공공 정신병원만 폐쇄하는 것은 오히려 인권 상황을 악화시키는 결과를 낳을 수밖에 없다. 정신병원이 많은 일본도 비슷한 상황이다.

바살리아의 성취는 민주정신의학회라는 진보적 정신의학자 그룹이 함께 이룬 것이다. 우리나라에서 정신병원의 문제를 인식하고 이를 해결하기 위해 노력하는 정신의학자 단체는 아직 없다. 개인적으로 문제를 인식하고 이를 해소하기 위해 노력하는 의사들이 있으나 조직 운동으로 나가지는 못하고 있다. 정신병원의 존재를 당연시하며 여러 이해관계가 얽혀 있는 정신의학 풍토에서 개혁의 목소리를 내는 것 자체가 위험을 감수해야 하는 상황이다.

우리나라에서 둘째 장벽은 지역 정신보건 센터가 제 기능을 담당할 수 있는가 하는 문제이다. 이탈리아에서 정신보건 센터는 정신병원이 없는 상황을 상정하고 위기 관리까지 포함하여 정신보건의 핵심 기능을 수행하는 기관으로 자리매김하고 있다.

우리나라에 지역 정신보건 센터가 설립된 것은 1995년 정신보건법 제정에 의한 것이다. 지역사회 정신보건의 토대를 마련하기 위한 목적이었으나 정신병원을 대체하는 수준으로 나가지 못하고 보조적이고 부수적인 기능을 담당하는 기관으로 전락하고 말았다. 정신병원을 대체하기는커녕 오히려 규모나 기능, 역할 면에서 정신병원에 종속되어 있거나 적어도 공생 관계를 이루고 있다.

정신보건 센터가 정신병원의 문제를 가리고 있는 셈이다. 우리나라 정신보건 개혁을 위해서는 정신보건 센터의 위상이나 역할에서 근본적인 개편이 이루어져야 가능할 것이다.

서유럽이나 미국의 정신보건 역사를 보면 수용소로서 정신병원이 축소, 폐쇄되면서 이를 대체하기 위한 기관으로 정신보건 센터가 등장하는데, 우리나라 경우 1995년 정신보건법을 통해 정신병원 확대와 정신보건 센터 설립이라는 이중적인 구조가 굳어지게 된다. 정신보건에서 '1995년 체제'는 지금도 지속되고 있다. 이 체제가 지속되는 한 근본적인 문제 해결은 불가능하다.

이제 우리나라 정신보건에서 새로운 체제가 구축되어야 한다. 이 작업은 1995년 정신보건법의 해체와 이탈리아 바살리아 법에 준하는 '새로운 법' 제정을 통해서 가능할 것이다. 새로운 길에 들어서며 주저하지 말자. 이탈리아를 비롯한 많은 국가에서 이미 '문제없음'이 판정되었으니 그저 그들의 경험을 인정하고 적극 따르면 되리라고 생각한다.